ROBERTO SALLES

JESUSCRISTOFOBIA
"Deus me livre de Jesus Cristo"

artêra
editorial

Curitiba, PR
2025

FICHA TÉCNICA

EDITORIAL	Augusto Coelho
	Sara C. de Andrade Coelho
COMITÊ EDITORIAL	Brasil Delmar Zanatta Junior
	Estevão Misael da Silva
	Gilcione Freitas
	Luis Carlos de Almeida Oliveira
	Viviane Freitas
CURADORIA DE CONTEÚDO E IMPACTO COMERCIAL	Marli C. de Andrade
SUPERVISORA EDITORIAL	Renata C. Lopes
PRODUÇÃO EDITORIAL	Bruna Santos
REVISÃO	Simone Ceré
DIAGRAMAÇÃO	Amélia Lopes
CAPA	Mateus Porfírio
REVISÃO DE PROVA	Gabriel Fernandez

Na Física, dois corpos não podem ocupar o mesmo espaço ao mesmo tempo; na Metafísica, dois deuses não podem ocupar o mesmo trono de adoração de um adorador.

AGRADECIMENTOS

Ao pastor Paulo de Sousa Oliveira (*in memoriam*), meu grande mestre, amigo e incentivador a me tornar um leitor de mundo, não apenas de livros e historiadores, mas a assimilar e até prever os acontecimentos que se descortinavam à frente, tendo em vista que as coisas antes de acontecerem dão sinais, os quais são notórios aos que vivem na conotação dos fatos, numa espécie de profecia anunciada.

Pastor Paulo fundou, com o Pr. Enéas Tognini, o STBNSP, atualmente STBNET. Foi diretor pedagógico do seminário e professor de várias disciplinas. Foi graduado em Teologia pelo STBNSP.

No campo secular, foi dentista sanitarista e professor licenciado nas áreas de Ciências Exatas e Ciências Biológicas; mestre em Ciências Sociais pela Pontifícia Universidade Católica de São Paulo (PUC-SP) e doutor em História Social pela Universidade de São Paulo (USP).

Autor de vários livros, militava contra o racismo, sendo fundador do GEVANAB (Grupo Evangélico Afro-Brasileiro) e do Projeto Nazaré (trabalho evangelístico).

Meu mestre no mestrado, meu grande incentivador no estudo profundo da Pós-Modernidade e amigo de caminhadas do metrô até o seminário.

Obrigado pelas matérias que o senhor me permitiu fazer em tutoria, as quais possibilitaram o acerto na grade curricular do seminário do Maranhão ao Seminário Teológico Batista Nacional de São Paulo, a partir do ano de 1997.

Pastor Paulo rejeitou, em 1997, um salário de mais de R$ 10.000,00 (dez mil reais) proposto por várias faculdades, pois ele afirmava que o Senhor o tinha chamado para organizar o STBN-SP, o que ele fez com maestria.

Obrigado pelos ensinos acadêmicos e os para a vida.

Orgulho do seu amigo e fã.

DEDICATÓRIA

Primeiramente, aos que não puderam deslizar suas retinas sobre esta obra, pois muitos tiveram seus olhos e todo o seu corpo estourados apenas e tão somente pelo fato de não se dobrarem diante de um "mundo em paz", que prega a paz com todos, desde que todos se dobrem diante de suas ideologias. A Mídia não noticia a realidade do número de cristãos que foram/são mortos pelo terrível crime de serem cristãos.

Em segundo lugar, às pessoas que estão presenciando todo esse cenário da construção de uma sociedade pós-Jesus Cristo — a proposta de uma fake paz sem a presença do Príncipe da paz —, mas que mantêm a fidelidade e o amor, os quais não lhes deixam se entregar aos amantes oferecidos, que oferecem paz e prosperidade em detrimento do reconhecimento de que somente Jesus Cristo é o Senhor, Salvador e Mestre; que Jesus Cristo nos mostrou o pai; que o verbo se fez carne e habitou entre nós.

À minha família: Eliane (esposa), Robertinho (meu primogênito) e Álefe (a minha caçula).

Aos meus irmãos: Fransquinha, Maria, Helena, Graça, Fátima, Aparecida, Ramiro, Assis e Agenor, este último é meu sobrinho-irmão.

Por último, aos remanescentes leitores que, em um universo predominantemente digital — que provoca nos cérebros dominados pela sociedade imagética uma inapetência diante de letras —, não perderam a beleza do uso do mais impressionante App que existe, que é o cérebro, este aplicativo que tem capacidade infinita de armazenamento de dados.

Desligue, portanto, seu celular e se concentre para absorver aquilo que está reservado a poucos.

Você que está aqui comigo, saiba: você é uma raridade!

Bon voyage por páginas que o transportarão a um passeio inesquecível.

A leitura é tão libertadora que se transformou em algo perigoso e, muitas vezes, proibido pelos que detêm o poder.

PREFÁCIO

Este prefácio, para *JESUSCRISTOFOBIA*, escrito por Roberto Salles, reflete a alegria e a preocupação deste autor ao aceitar o convite para apresentar esta obra. Desde o início até o final, o destaque é a riqueza do conteúdo abordado, que não se limita a um único tema, mas dialoga com filosofia, sociologia e psicologia, defendendo a fé e a Igreja, sem olvidar a relevância contemporânea do livro, incluindo uma história de amor entre dois jovens salvos, o que embeleza sobremaneira a narrativa.

É de conveniência e justiça enfatizar a minha admiração por Roberto Salles, pela robustez e multiplicidade do seu conhecimento, algo natural para a vasta formação acadêmica e experiência do autor. Destaque-se que a obra é direcionada à Igreja e tem como objetivo prepará-la para os desafios da modernidade, onde o espiritual influencia o material e vice-versa.

O texto critica a situação atual da Igreja, mencionando a frieza espiritual e o fenômeno da "bonsaização" dos crentes, onde frutos espirituais não se manifestam verdadeiramente. Além disso, alerta para a prevalência de mensagens carregadas de psicologia e sociologia, sem o poder do Espírito Santo, e a crise de liderança enfrentada pelos jovens nas universidades.

Ciência e fé são parceiras inseparáveis na vida e na obra, Roberto discute a perda do DNA original devido ao pecado, contrastando a situação do homem após a queda com a possibilidade de redenção em Cristo. O autor também aborda a atualidade de ideologias perniciosas, usando exemplos históricos como o Holocausto para ilustrar a manipulação de ideias sem fundamento.

Dentro do contexto da obra, são evidenciadas as falácias de argumentos contemporâneos sobre a verdade, enfatizando que se não há verdade absoluta, então até essa afirmação se torna falsa. Roberto critica a desilusão com lideranças eclesiásticas, introduzindo distinções entre "falsos pastores" e "falsos mestres", e discute a natureza das ideologias e suas manipulações.

O autor conclui com um forte chamado à responsabilidade das lideranças da Igreja, ressaltando a importância da integração entre jovens e idosos no aprendizado e na gestão da fé. A mensagem final reflete um desejo de que os ministros imitem a Cristo, em busca de uma Igreja firme na verdade e capaz de enfrentar a JesusCristofobia.

João Melo e Sousa Bentivi

Médico, jornalista, advogado, otorrinolaringologista, legista, professor de Medicina Legal e Humanidades, na Universidade CEUMA, bem como do Curso de Fonoaudiologia. Pós-graduações e especializações: Gestão Ambiental (ISAN/FGV), Gestão de Cooperativas de Crédito (CETREDE/UFC), Audiologia Clínica (UNIV. CEUMA), Mestrado em Meio Ambiente e Saúde (UNIV. CEUMA) e Doutorado em Gestão Empresarial (Univ. Fernando Pessoa/Porto/Portugal).

Ex-presidente do Sindicato dos Músicos de Maranhão, da Associação Médica e SOBRAMES/MA. Imortal da Academia Pedreirense de Letras, Academia Maranhense de Medicina e Fundador e Presidente Ad Vitam, da Academia Atheniense de Letras e Artes (São Luís/MA).

Decano do Curso de Medicina da Universidade CEUMA, cronista, escritor, pesquisador, poeta, músico, instrumentista e cantor.

SUMÁRIO

INTRODUÇÃO 17

CAPÍTULO 1
O CULTO EM AÇÃO DE GRAÇAS 29

CAPÍTULO 2
O PRIMEIRO DIA DE AULA 35

CAPÍTULO 3
O PRIMEIRO CULTO DOS NOVOS ACADÊMICOS 42

CAPÍTULO 4
A SEGUNDA SEMANA DE AULAS 48

CAPÍTULO 5
O INIMIGO INTENSIFICA O ATAQUE 60

CAPÍTULO 6
OVELHAS SE AFASTANDO CADA VEZ MAIS DO APRISCO 64

CAPÍTULO 7
FUGINDO DA LUZ 68

CAPÍTULO 8
UM CAIXÃO NUMA SALA DE AULA 70

CAPÍTULO 9
DOIS CAIXÕES À ESPERA DE DOIS DEFUNTOS ESPIRITUAIS 76

CAPÍTULO 10
UM ESTRANHO SURPREENDIDO 82

CAPÍTULO 11
UM INESPERADO FRIO NO ESTÔMAGO 85

CAPÍTULO 12

A PALAVRA É O ALIMENTO; A ORAÇÃO É A VITAMINA; O JEJUM É O ANTIBIÓTICO... 90

CAPÍTULO 13

O MISTO FEITO DE CONHECIMENTO TEOLÓGICO E CIENTÍFICO PODE FICAR SABOROSO?...101

CAPÍTULO 14

A DIFERENÇA ENTRE CONHECER O JESUS HISTÓRICO E JESUS CRISTO, O HOMEM/DEUS...................................... 106

CAPÍTULO 15

BRIAN... BRENDA... DAVID... SUICÍDIO
A GRANDE MENTIRA E OS RESULTADOS DESASTROSOS DO NASCEDOURO DA IDEOLOGIA DE GÊNERO..........................114

CAPÍTULO 16

VIVENDO A VERDADEIRA DITADURA EM TEMPOS PÓS-MODERNOS.. 125

CAPÍTULO 17

O MELHOR ANTÍDOTO É O PRÓPRIO VENENO 130

CAPÍTULO 18

A REUNIÃO PARA A GRANDE MARCHA...................................137

CAPÍTULO 19

A PREPARAÇÃO... 140

CAPÍTULO 20

O DIA DA MARCHA CONTRA A JESUSCRISTOFOBIA 141

CAPÍTULO 21

A PRIMEIRA MINISTRAÇÃO DE THIAGO AOS PASTORES 143

CAPÍTULO 22
**O COMEÇO DA CONFECÇÃO DO ARCABOUÇO TEÓRICO
E DA EXPLICAÇÃO PRÁTICA** 150

CAPÍTULO 23
SEGUNDA REUNIÃO – UM CLIMA MENOS TENSO 156

CAPÍTULO 24
O COMEÇO DE UM ROMANCE?! 165

CAPÍTULO 25
A REUNIÃO FINAL DA PRIMEIRA ETAPA.............................. 172

CAPÍTULO 26
A REUNIÃO APENAS COM OS PASTORES 182

Introdução

O porquê desta obra

Ensina-me, Senhor, o Teu caminho, e andarei na tua verdade; dispõe-me o coração para temer SOMENTE O TEU NOME (Salmo 86:11 ARA: Almeida Revista e Atualizada).

Já se ouviram muitos "tristemunhos" de pessoas que se diziam cristãs, mas que se desviaram assim que colocaram seus pés em uma faculdade ou universidade. As faculdades/universidades reconhecem — com certa variação — cinco tipos de conhecimentos: senso comum, empírico, teológico, filosófico e científico.

Há outros grupos que preferem colocar em apenas uma embalagem os conhecimentos senso comum e empírico, reduzindo os tipos, assim, para quatro. É uma faculdade que nos é reservada no uso das palavras.

Inclusive, a palavra "universidade" significa a unidade na diversidade. Aos conhecimentos senso comum, empírico e teológico, há um "apedrejamento" logo nas primeiras aulas; aos conhecimentos filosóficos e científicos são erguidos dois altares de adoração. O discurso é o mesmo em todas as academias, mudando apenas os nomes das instituições.

Essa prática já desqualifica um ambiente acadêmico de ser chamado de universidade, pois a verdade não é de posse de determinada área do conhecimento, mas da vida. Algo que é verdade — não a pós-verdade, construída com sofismas, mas a verdadeira — em uma área do conhecimento será verdade em qualquer outra.

Nos diversos segmentos há pessoas sérias e molecas, sendo que a verdade é superior aos indivíduos e aos grupos.

Quando a Teologia Bíblica se cala, teólogos sérios se calam; teólogos moleques abrem a boca... Quando a Ciência se cala, cientistas sérios se calam; cientistas moleques abrem a boca... Tanto teólogos como cientistas sérios merecem respeito; teólogos e cientistas moleques merecem uma mordaça.

Os calouros — geralmente sem capital cultural/teológico grande — não têm muita argumentação, sua bagagem intelectual é tão leve como uma pluma e suas experiências, fracas, como, infelizmente, o peso argentino. Além disso, "gente ignorante em face a quase nada fica fascinada".

O fascínio pelo mundo novo que se descortina à frente de olhos arregalados e brilhantes faz com que essas pessoas estuprem suas crenças, debochem do senso comum/empirismo e neguem a autoridade da Bíblia. Afinal, Ela foi escrita por homens...

O agravante de a Bíblia não ser aceita pelo fato de ter sido escrita por homens é que todo o conhecimento divulgado nessas faculdades/universidades foi elaborado e "escrito por homens"...

Todos os conhecimentos se abraçam cordialmente; eles vão sempre ao encontro um do outro; nunca vão de encontro ao outro. E negar o outro, sem lhe oportunizar que exponha sua visão, é idolatria de ideologia.

Muitos dos homens que são endeusados na academia retiraram, sorrateiramente, suas teses da Bíblia (o que será exposto no livro: *Pensadores ou pescadores?*, do mesmo autor desta obra), dando-lhes uma embalagem bonita para um produto alheio. Isso configura exposição de coisa alheia como própria, modalidade de crime equiparada ao estelionato do conhecimento, pois o critério da antiguidade diz a quem pertencem os direitos autorais.

O Código Penal, no seu famosíssimo artigo 171, diz: "Estelionato da modalidade de exposição de coisa alheia como própria".

Alheios ao conhecimento bíblico, muitos negam a Bíblia sem ao menos conhecer seu conteúdo. São os papagaios acadêmicos, que repetem o que ouvem sem nunca ter tido acesso ao que propagam com tanta eloquência — coisa própria de quem sofre do efeito Dunning-Kruger[1] —,

---

[1] Fenômeno assim alcunhado por ter sido elaborado pelos psicólogos David Dunning e Justin Kruger. Ocorreu que um jovem chamado McArthur Weller assaltou dois bancos na cidade de Pittsburgh, nos Estados Unidos, em plena luz do dia, sem nenhuma máscara cobrindo sua face, apenas por acreditar, piamente, ter visto em algum canal do YouTube que, ao usar suco de limão no rosto, se tornaria totalmente invisível às câmeras de segurança. Após testes psicológicos e toxicológicos, chegaram à conclusão de que ele não tinha problema mental nem estava sob efeito de qualquer droga, apenas ele estava plenamente enganado sobre a sua certeza. O efeito afeta grande parte da humanidade de hoje, é quando a pessoa tem uma confiança e percepção exageradas sobre seu conhecimento sobre as coisas. Em suma, quanto menos alguém sabe sobre uma coisa, mais fala a respeito dela. A dupla maldição está quando, também, quem domina de verdade certo conhecimento se sente desconfortável para falar diante de tantas vozes, que sonorizam com tanta eloquência aquilo sobre o que têm quase zero por cento de conhecimento; têm DOXA (opinião) estocada nos armazéns auditivos e visuais, mas sofrem escassez de EPISTEME (conhecimento) no vazio mercado cerebral. Pois conhecimento exige busca, testes... Isso dá muito trabalho, né mesmo, Jaiminho? (*Chaves*).

o que faz deles apenas um eco de um sistema pobre, podre e alienador, deixando de pertencer à classe dos humanos, pois esta é composta de pessoas que olham, veem, sentem, cheiram e examinam para, somente então, darem seu parecer.

Essa classe lembra o poema "Bicho"[2], de Manuel Bandeira:

Vi ontem um bicho

Na imundície do pátio

Catando comida entre os detritos

Quando achava alguma coisa,

Não examinava nem cheirava:

Engolia com voracidade.

O bicho não era um cão,

Não era um gato,

Não era um rato.

O bicho, meu Deus, era um homem.

Mas o que faz um homem aceitar algo sem que passe por um dos seus crivos naturais? O que leva um ser humano — que nasce dotado de inteligência e capacidade de raciocinar — a aceitar teses/teorias/mitologia como se fossem Leis?

Para que algo possa ser aceito como Ciência, esse "algo" deve estar disposto à aceitação do questionamento e da contradição.

A Lei da Gravidade é algo que não se pode negar. Faça o experimento de passar o dia todo soltando um lápis, e ele sempre cairá. Lei não é bipolar, local, ideológica nem momentânea.

Todas as teorias/teses podem e devem ser conhecidas, estudadas e questionadas... A não ser que se esteja usando de truques mentais que nos remetam a algo que nos dê segurança, ou pelo menos uma sensação de alívio em relação à inexistência de um ser aterrorizador, ao qual dão o nome de Deus.

---

[2] Poema escrito no Rio de Janeiro, em 27 de dezembro de 1947. O poema retrata a realidade social do Brasil, que estava imerso na miséria, na década de 1940. (https://www.culturagenial.com/poema-o-bicho-manuel-bandeira/)

O fato de as escolas fundamentais, as de ensino médio e as faculdades/universidades apresentarem aos alunos a Teoria da Evolução como se fosse a Lei da Evolução demonstra que há um medo de expor aos alunos a possibilidade de existir o Deus Criador de todas as coisas, não obstante já terem sido encontradas inúmeras fraudes nas famosas "provas" da teoria/ficção/fábula da Evolução.[3]

Qual(is) o(s) motivo(s) das descobertas das fraudes da Teoria da Evolução não serem publicadas em livros de Biologia, Antropologia, História etc., perpetuando-se de geração a geração? Essas verdades não expostas fazem com que se veja a Ciência com a mesma desconfiança de um cachorro posto na garupa de uma bicicleta...

Alguém poderia explicar o porquê de a Teoria da Criação não ser ministrada nas escolas nas aulas de Ciência e Biologia, mas apenas e tão somente nas aulas de religião? E por que essas aulas são ministradas por pessoas nem sempre qualificadas? Ao mesmo tempo, a Teoria da Evolução (não é LEI) é apresentada como ciência, embora a defesa seja de que tudo que existe (organismos) tenha nascido de material inorgânico, o que representa algo anticientífico: nada que gera nada. São explicações de que todas as coisas foram geradas do acaso.

A alegação é de que os alunos devem ser levados a ter um senso complexo, desafiador e crítico... Desde que não critiquem as bases do evolucionismo. E, se alguém criticá-las por não conseguir se ver apenas como sendo uma ameba evoluída, certamente será motivo de gozação por parte dos colegas "evoluídos". Como foi o caso de Rosinha Garotinho, esposa de Antony Garotinho, do Rio de Janeiro, ao defender o Criacionismo.

Se há teorias, todas devem ser ensinadas; se há Lei, esta não pode ser confrontada por doxas (opiniões).

Desprezar o Criacionismo em nome de uma suposta intelectualidade superior (o super-homem, de Nietzsche) é ignorar a História. Vejamos os dados: apenas 10% dos ganhadores do Prêmio Nobel são ateus, o restante é formado de 67% cristãos e 23% judeus. Ou seja, a inspiração dessas pessoas sempre foi o Deus criador, pois sem Ele fica bem difícil de fazer ciência. A própria palavra "laboratório" significa labor+oratório. Os

---

[3] Um bom exemplo é o HOMEM PILTDOWN, que foi encontrado em 1912 e era tido como o "Elo Perdido" que havia sido achado (só que não). A fraude foi descoberta 50 anos depois, pois havia um país e várias pessoas interessadas em manter esse truque. Até que as pernas dessa mentirinha não eram tão curtinhas assim. (https://www.publico.pt/2003/11/21/ciencia/noticia/fraude-do-homem-de-piltdown-foi-desmascarada-ha-50-anos-1176444)

cientistas trabalhavam e iam orar, pedindo iluminação ao Pai das Luzes. Até mesmo o assunto discutido entre os ateus é sobre Deus...

Porém, mudou muita coisa quando, em 1859, Darwin escreve *A origem das espécies*, fazendo com que a ciência — que nasceu por homens tementes a Deus — resolvesse tirar Deus da História, criando o Clube dos Ateus, e, dominando o cinema, as escolas e as mídias, começar a espalhar a ideia de uma criação sem o Criador, de um universo que nasceu do acaso...

E a Terra, uma adolescente de pouco mais de dez mil anos, passa para milhões e bilhões de anos após Darwin escrever para seus amigos "cientistas" e conseguir essa ajudinha para sua teoria. O que faz lembrar uma cena do filme *Titanic* — numa edição inesquecível —, no momento em que Rose, uma adolescente de dezessete anos, num corte histórico do cinema, é mostrada aos cento e doze anos... Foi o que Robert Charles Darwin fez com a Terra, transformando um jovem planeta em um planeta bem velhinho. Se a Terra fosse uma mulher, certamente ficaria muito magoada com esse teórico, correndo para fazer uma maquiagem reparadora, pedindo que a observasse mais direitinho e mudasse de opinião.

A ciência se divide em observacional — em que podemos fazer experiência e observar essas coisas existentes — e histórica — fragmentos do passado —, para a qual existe uma espécie de quebra-cabeça. Esta última é interpretada pela cosmovisão de cada um, numa espécie de "puxar a sardinha para seu prato", o que está distante de uma ciência séria, da mesma forma que o Oriente dista do Ocidente.

Por exemplo, ao se encontrar um dinossauro com fragmentos de sangue — seria impossível a existência de sinais de sangue depois de milhões de anos —, os evolucionistas o deixam de lado, pois não haveria nem como desdobrar com suas pressuposições, pois elas são a base da ciência falsa que é o evolucionismo.

Em 2016, o ensino do Criacionismo foi proibido de ser praticado na Escócia como ciência ou biologia, igualando-se à Inglaterra e País de Gales.

No caso do estudo do Contratualismo, por exemplo, são mostradas as divergentes visões apresentadas por pensadores. Thomas Hobbes defende que "o homem é o lobo do homem", que é sempre mau, quer em sociedade ou isoladamente, e que apenas o Estado, representado na figura do Leviatã, poderia podá-lo; para John Locke, o homem é mau naturalmente, mas, ao viver em sociedade, consente em abrir mão do seu "eu" pelo bem do coletivo; Rousseau, por sua vez, defendia que o homem era bom em seu estado natural, mas que foi corrompido por causa do contrato social. Ou seja, o aluno/estudante se aprofunda nos estudos e decide qual deles apresenta argumentos mais interessantes.[4] Três visões aplaudidas com os mesmos decibéis.

O mesmo acontece com o *Arché* (o estudo do princípio de tudo, mola propulsora do nascimento da filosofia). Para Tales de Mileto, a água seria a substância última para a criação das coisas; já para Anaxímenes de Mileto seria o ar e as coisas da Natureza; Heráclito de Éfeso, por sua vez, defendia a ideia de que tudo se iniciou com o fogo. Ele via o mundo semelhante às chamas de uma vela, sempre o mesmo na aparência, mas sempre alterando — movimento incessante — na sua substância; o organizador da Matemática, Pitágoras, via os números como essência das coisas... Diante das exposições, o aluno/estudante decide qual das teorias mais lhe seduz.

Esse simulacro[5] faz com que esse tipo de comportamento só possa ser explicado pela Teofobia — medo, pavor ou nojo de Deus — existente em grande parte da raça humana. Fato que faz o homem se apegar a qualquer coisa que o deixe dormir em paz e, ao estar acordado, possa viver o momento com tanta intensidade, que venha a lhe parecer ser mais longo que a soma de três eternidades juntas...[6]

E essa necessidade de segurança nos faz coibir o pensamento de que, por exemplo, somos uma bola girando no espaço a mais ou menos 1.765 km/h.

É bem mais confortável mentir para os terráqueos, dizendo-lhes: "Sois a parte forte da evolução que sobreviveu". Esse tipo de afirmação traz um sentimento de irresponsabilidade sobre a eternidade... Na verdade, tira o peso desse tipo de assunto, levando à tranquilidade de que não se é imagem e semelhança do Criador de todas as coisas, mas de uma série de acasos que, por acaso, nos trouxe casualmente da forma de uma

---

[4] Contratualismo é uma teoria política e filosófica baseada na ideia de que existe uma espécie de pacto ou contrato social que retira o ser humano do seu estado de Natureza, colocando-o para viver em sociedade. (https://brasilescola.uol.com.br/sociologia/contratualismo.htm)

[5] Jean Baudrillard diz que, com o avanço dos meios de comunicação, a mídia passou a exercer uma enorme influência sobre as massas, pois a realidade deixa de existir para dar lugar às suas representações; as notícias são expostas apenas do ângulo que interessa aos seus expositores; mentirinha bem feitinha. (significado.com.br)

[6] No livro *O amor líquido*, Bauman retrata a rapidez, fluidez e desejo de eternizar o momento, semelhante à música de Amelinha: "Faz nascer a eternidade no momento de carinho". Música gravada em 1980, com o título FOI DEUS QUEM FEZ VOCÊ.

bactéria irracional ao homem super-racional e dominador de todos os seres irracionais.

No raciocínio desesperado de entender tudo isso, é criada a Teoria Geocêntrica e, posteriormente, a Teoria Heliocêntrica. Esta defende que o Sol é o centro do Universo, enquanto aquela diz que quem é o centro do universo é a Terra.

Por muitos anos a Teoria Geocêntrica imperou soberanamente até que, no chamado Iluminismo, surge a Teoria Heliocêntrica, a qual foi trazida no século XVI por Nicolau Copérnico, mas que já estava em discussão cerca de 1.800 anos antes de ele propor a sua teoria. Chama-se teoria por não ter provas concretas, pois, se existissem, não seria mais uma teoria, mas uma Lei.

Apesar de ser categorizada como teoria, a proposta de Copérnico é vista como Lei, fazendo com que se deboche da Teoria Geocêntrica, passando a imagem de que essa teoria tem viés apenas religioso.

O Iluminismo é marcado pelo rompimento do homem com a religião e o começo do reinado da luz (assim proposto por seus fundadores), trazido por homens intelectuais e, certamente, jactanciosos... Mas que, na intimidade, buscavam seus deuses por meio de rituais de adoração a bodes, cultos estranhos e a busca do sobrenatural... Porém, em seus discursos custeados por sociedades secretas, diziam aos homens que tudo que é espiritual deve ser deixado de lado, mas que essas sociedades vivem na proteção de suas religiões e seus deuses. A intelectual, na verdade, foi apenas uma revolução política, a qual nasceu para tentar apagar chama que arde dentro de todo homem pela Eternidade... E como aquele que nada entende aceita tudo o que os cientistas dizem... Ou que canais de televisão dizem...

Toda essa intelectualidade é real ou apenas tem a função de tirar Deus da História, como disse Nietzsche: "DEUS ESTÁ MORTO", possibilitando ao homem uma segurança que ele precisa para parar de ter pesadelos com esse Ser assustador.

No desejo desesperado de segurança, o homem apega-se a qualquer tese/teoria/ficção que tire a possibilidade da existência da figura de Deus, esse ser estranho a quem são creditados atributos para lá de assustadores.

Assusta a possibilidade de existir um ser que é não criado (a causa não causada, de Tomás de Aquino; como suplicou Sócrates ao morrer: "Causa das causas, tem pena de mim"); o Qual criou todas as coisas apenas com a Palavra; Aquele que é O mesmo ontem, hoje e eternamente; Quem faz tudo o que quer, pois é Onipotente; O que está em todos os lugares ao mesmo tempo, por ser Onipresente e, o que é mais assustador ainda, sabe de todas as coisas que fazemos e pensamos, pois é Onisciente...

Dá logo um desespero, que faz com que se crie no homem uma vontade de contratar um advogado e processá-lO por invasão de privacidade... Ou pedir para que um cientista invente algo que faça com que se saia do Seu radar...

Como soa bem aos nossos covardes ouvidos escutar que se é apenas a evolução de uma ameba e, por último, de um macaco. Esse tipo de informação dá uma aliviada no peso que é a ventilação da ideia de que há um Justo Juiz, o Qual irá julgar a todas as pessoas com muita justiça, pois está tudo gravado e filmado, inclusive os pensamentos de todos os homens, durante toda a existência da Humanidade e em todos os cantos da Terra...

Cria-se um filme de longa-metragem em busca de opções que retirem essa figura apavorante de Deus, que Se apresenta com características acima da compreensão humana... "Por favor, moço, qual é a sua tese?"; "Por favor, apague essa ideia da existência de Deus!"; "Ajude-me: 'Vem, mente pra mim, mas diz coisas bonitas'" — como clama Agnaldo Timóteo, em sua música "Etiquetas".

Neste livro são encontradas pessoas com muito desconforto em relação a toda essa conversa, talvez como você se sinta... Porém, assim como nossas personagens encaram seus fantasmas e medos, você — caro leitor — é convidado a se dar a oportunidade de conhecer mais sobre as teses/teorias que há no mundo, assim como o que a Bíblia fala sobre o Deus terrível, amoroso, perdoador, julgador, príncipe da paz, o EU SOU.

Você também tem teofobia? Saiba que tem cura!

Porém, há um problema bem maior que a Teofobia, que é a Jesus-Cristofobia... A ideia de que o Criador Se fez criatura; que Deus encarnou entre os moradores de Israel; que essa pessoa tinha duas naturezas: a humana e a divina...

Acreditar e entender a encarnação de Deus é coisa sobrenatural; compreender o porquê de Deus ter tido a necessidade de se fazer homem; uma pessoa absorver a ideia de que quem matou Jesus não foram os romanos, mas foi o pagamento dos seus pecados — o qual seria por qualquer pessoa ou qualquer valor impagável — que O levaram para a cruz; aceitar que Deus me amou de tal maneira que deu Seu único filho para que, se eu n'Ele crer, tenha a Vida Eterna...

O número de tolos (Diz o tolo em seu coração: "Deus não existe!"[7] Corromperam-se e cometeram injustiças detestáveis; não há ninguém que faça o bem [*Salmos 53:1-4 NVI*]) que dizem que não há Deus é pequeno em relação aos que não entendem a encarnação de Deus (A Palavra se tornou um ser humano e morou entre nós, cheia de amor e de verdade. E nós vimos a revelação da Sua natureza divina, natureza que Ele recebeu como filho único do Pai [João 1:14 NTLH]), cuja própria existência é questionada, embora haja evidências de muitas fontes, sendo a mais famosa do historiador Flávio Josefo.

A encarnação de Jesus Cristo — o Logos que se fez carne — é um fato conhecido por muita gente, mas revelado a poucos em sua totalidade.

Afinal, "*Ora, o homem natural não compreende das coisas do Espírito de Deus, porque lhes parecem loucura; e não pode entendê-las, porque elas se discernem espiritualmente. Mas o que é espiritual discerne bem tudo, e ele de ninguém é discernido*" (I Coríntios 2:14-15). Esse discernimento é acima da capacidade humana. Embora esta seja extraordinária em muitas áreas, na espiritual ela é aleijada e incompetente.

Poucos entendem o que Deus veio fazer aqui na Terra. Muitos veem Jesus como um grande homem, assim como O viam quando Ele mesmo indagou aos seus discípulos o que diziam os homens sobre quem Ele era, oportunidade em que alguns O compararam a Elias, João, o Batista ou a um grande profeta do passado; o que é similar aos dias atuais, quando alguns O comparam a Buda, Gandhi, Maomé, Mandela, São Judas Tadeu, Padre Cícero, Shiva, Paiva Neto ou os outros milhares criados pelas religiões, tanto os que têm histórias bonitas de vida quanto os que foram inventados por histórias de pescadores, história essas que transformaram em deuses eternos pessoas que sequer tiveram um dia um registro de nascimento.

A existência de Jesus é complicada de ser desmentida, pois o nosso calendário é dividido em antes e depois d'Ele, assim como as vidas de inúmeras pessoas. Podemos constatar a aceitação da Sua existência pelo mundo ao vermos em documentos de cartórios a seguinte expressão: "No ano... do nascimento do Nosso Senhor e Salvador Jesus Cristo".

---

[7] Salmo 14:1 – Nova Versão Internacional. (https://www.bible.com/pt/bible/129/PSA.14.1-7.NVI)

Porém, Jesus Cristo é uma pedra no caminho de todas as religiões, inclusive algumas protestantes, que O têm como tudo: administrador de suas empresas, flanelinhas, cupido, telefones 190, 191, enfim, como um empregado a quem eles "determinam" que faça essa ou aquela atividade.

A grande tarefa de Satanás — príncipe deste mundo — é fazer com que as pessoas não entendam ou conheçam sobre o verdadeiro significado da pessoa de Jesus, O Cristo. Para isso, o sistema apela para a emoção e o egoísmo natural do homem natural, dando a faca, o queijo e a goiabada para o Capitalismo. Como exemplo, temos o Seu nascimento desfocado por um "bom velhinho" que leva presentes às crianças. Porém, um velhinho que é cheio de acepções de crianças, pois enquanto alguns recebem suntuosos presentes, outros recebem uma bola de plástico de menos de um real...

Essa coisa é passada de geração a geração, transformando-se em maldição, trazendo por vezes uma estranha colheita, quando, por exemplo, um pai "se mata", fazendo hora extra, privando-se até de comer ou comprar uma roupa para si no intuito de comprar um presente de Natal, colocando-o embaixo da cama ou da rede do seu filho, dando todas as honras do seu esforço a São Nicolau (homem que distribuía presente para crianças no período natalino) — transformado na figura de Papai Noel —, e, muitas vezes, na sua velhice, esse pai é jogado em asilos, pois seus filhos alegam: "O senhor nunca me deu um presente...".

Não satisfeito em abafar o verdadeiro sentido do Natal — que é o nascimento do Deus/homem —, na sua morte tem-se a presença, no mínimo questionável, de um coelho pondo ovos de chocolate... É uma história que supera a todas as mitologias gregas, pois ela muda o modo de reprodução — um coelho, mamífero, é transformado em ovíparo. A Páscoa – que deveria ser lembrada por sangue — é trocada, sorrateira e sinistramente, por chocolates.

Uma tentativa desesperada de ocultar o sacrifício feito por Jesus para salvar os homens, em Sua demonstração de obediência ao Pai até a cruz, mudando-se o sentido da morte e ressurreição de Jesus (homem) — que é a maior derrota e vergonha de Satanás — em uma atmosfera de fertilidade, representada pela velocidade de reprodução dos coelhos. Isso faz com que as crianças cresçam pensando em ganhar chocolates, desconhecendo a morte que trouxe vida aos homens que queiram aceitá-lO como Senhor e Salvador de suas vidas.

É bizarro ver tudo o que é feito por Satanás (Mamom: capitalismo), por meio do Capitalismo, para tirar a figura de Jesus Cristo do centro das atenções, numa tentativa desesperada — o mesmo desespero dos romanos e dos sumos sacerdotes judeus — de que não saibam quem é Jesus Cristo, o que Ele veio fazer aqui e por que Ele teve que deixar o Seu trono de glória para morrer numa cruz pela humanidade.

Uma humanidade obcecada pelo pecado e incentivada por uma mídia podre e corrompida. Como diz na segunda epístola de Paulo a Timóteo, no capítulo 3: "Mais amantes dos prazeres que amigos de Deus".

A respeito da mídia, disse Juca Chaves: "A Imprensa é muito séria. Se você pagar, ela publica até a verdade".

Além de uma religião superdistanciada do seu sentido original, que é o de religar o homem a Deus/verdade, como diz 2 Timóteo 3:5: *"Tendo aparência de piedade, mas negando o Seu poder"*. Falsos pastores/mestres/ profetas que usam da religião para adquirir status e fortunas, mas que não conhecem nem fazem suas falsas ovelhas conhecerem de fato quem é o verdadeiro Jesus Cristo, o homem/Deus.

Este livro é um convite para você ver com profundidade sobre a pessoa de Jesus (homem) Cristo (Deus) e descobrir que Ele veio te salvar como a alguém que está ferido numa guerra, ferido de morte...

Repito: Jesus Cristo é uma pedra no caminho de todas as religiões, pois Ele está acima de todas elas, e não quer que o homem cumpra obrigações, mas que seja Seu servo/amigo/irmão/noiva.

Jesus Cristo acabou a distância de milhões de anos-luz que havia entre o homem e Deus.

O bendito se fez maldito — todos os que morriam na cruz eram tidos por malditos — para que os malditos (todos nós) tivessem a chance de se tornar benditos.

Jesus Cristo está em todas as religiões, mas Ele não cabe em nenhuma delas... Por esse motivo criaram um pseudo-Jesus: somente homem; alguém que veio só em espírito; um fraco que precisa da proteção do pai José; um grande mestre; um cara mal encarado que precisa de uma mãe para intermediar os nossos pedidos; mais um entre milhões. Enfim, morrem de medo de ver o Jesus Cristo verdadeiro: 100% homem e 100% Deus.

Ele é a ponte de intersecção entre quase todas as religiões, mas, em revanche, quando todas se reunirem, os cristãos — que são, etimologicamente, os que seguem apenas a Jesus Cristo — irão sentir na pele que, na verdade, no mundo todo há apenas uma fobia verdadeira, que é a JesusCristofobia.

JESUSCRISTOFOBIA irá se manifestar na solicitação/imposição de que todos os homens pintem suas aquarelas mentais de toda variação de tons, desde que todas sejam cinzas... A não aceitação de a verdade ser preta ou branca, nessa mistura obrigatória, as pessoas optarão pelo cinza ou se tornarão cinza. A verdade não é uma opção, ela é a rainha da existência.[8]

Se terão forças e amor o bastante para aguentar o que virá aos que adoram apenas a Jesus Cristo, apenas o tempo tem a resposta.

Você tem JesusCristofobia? Saiba que tem cura.

---

[8] *Ouro de tolo? Discernindo a verdade em uma época de erro*, editado por John Macarthur [tradução: Maurício Fonseca dos Santos Junior]. 3. Reimpr. São José dos Campos, SP: Fiel, 2018.

Capítulo 1

O culto em ação de graças

Embora o orgulho seja um dos sentimentos alertados na Bíblia como resultado da queda do homem *(meu orgulho me tirou do Jardim...)*, pode-se perceber a satisfação e o orgulho das famílias dos três jovens que passaram no vestibular para a famosa e desejada universidade pública. Porém, um orgulho com recheio de agradecimento a Deus, o que tira o veneno natural desse sentimento, intitulando-o de "orgulho santo".

As três igrejas evangélicas acordaram em usar a maior sede de suas congregações, local onde podem acomodar o número grande de pessoas que vieram ver a bênção alcançada por esses três futuros jovens acadêmicos. Todos moram num bairro onde quase todo mundo cresceu junto, guardando esse tipo de amizade que é mais típica de cidades pequenas.

A academia da inveja é local que nunca está vazio, e dentro de todo ambiente tem sempre esse tipo de gente. Assim, irmã Perpétua está "prestigiando" a homenagem, esperando que eles se deem mal. É o tipo de gente que não se preocupa em ter êxito em sua caminhada, mas seu grande alvo é tentar derrubar aqueles que galgaram alguns degraus na escada íngreme da vida. Vivem no subterrâneo e querem companhia...

— Grande coisa! — murmura dona Perpétua. — Eles devem ter tido foi muita sorte.

— Mas, irmã Perpétua, eles todos passaram em mais de um vestibular. Como pode ter sido sorte? — contesta Fernando, que é um homem de oração e, inclusive, ora muito pelo sucesso de todos os seus irmãos, pedindo a Deus que os encha de bênçãos.

— Coincidência... Apenas coincidência — murmura a jararaca gospel.

— Vamos, irmã, pois está na hora dos discursos — ele pega a velha senhora pela mão, levando-a ao salão principal.

O púlpito está cheio de pompa, num verdadeiro campeonato de elegância e orgulho "santo" entre os pastores.

Depois de entoados alguns louvores, os pastores começam seus discursos.

— A paz do Senhor, meus amados. Hoje é dia de celebração de um culto em ação de graças por vermos como a igreja do Senhor está tendo representações em várias áreas, inclusive nas academias... — glórias a Deus e aleluias fazem o pastor Cláudio parar um pouco o seu discurso.

'Porém, o mais importante dos testes está por vir: saber como esses jovens se posicionarão diante de todos os ataques que suas convicções sofrerão; o que sentirão quando tiverem a fé questionada, ridicularizada e a solidão lhes servir de companheira num lugar acadêmico onde grande parte do corpo docente e discente nada sabe do mundo sobrenatural, mas que mesmo assim o crucificam sem direito a julgamento.

'Termino minha fala solicitando oração para que Deus guarde os corações e as mentes de nossos jovens, pois estão sendo lançados em novas terras, locais em que as regras são ditadas mais pela imposição do que pela Ciência. O membro da igreja da qual sou pastor, a irmã Priscila, será acompanhada de perto no seu curso de Filosofia para saber se ela serve a Deus por opinião ou convicção. Que Deus os abençoe. Amém.

O pastor da igreja local, cujo membro passou para o curso de psicologia, foi logo tratando de tirar o clima de "peso" trazido pelo pastor Cláudio, que demonstrou um misto de alegria e preocupação com os jovens que irão ingressar, em breve, na universidade.

— Senhores e senhoras, a paz do Senhor Jesus. A preocupação do pastor Cláudio é pertinente, mas hoje é dia de festa e ação de graças e não podemos perder a oportunidade de comemorar muito essa conquista. Eu tenho certeza de que Délcio está totalmente blindado com a Palavra do Senhor e pode encarar qualquer ambiente. Afinal, nunca deixou de ir à EBD, tendo sempre boa desenvoltura — o povo novamente rompe em gritos de louvor, interrompendo o palestrante. Não se sabe se é pela alegria do que ouviu ou para acelerar logo a fala do palestrante e poder ir ao belo *buffet*.

'Portanto, a igreja fez uma bela recepção, onde comes e bebes estarão à altura de tão grande conquista. Pode ser que alguém ache um exagero essa comemoração, mas é que todas as nossas conquistas nós as tributamos a Deus. Da mesma forma, quando um devoto de um santo, um frequentador de uma religião de origem africana etc. também agradece as suas vitórias aos que acreditam ser os responsáveis ou ajudadores por tudo que alcançaram. Um brinde aos novos acadêmicos — termina pastor Fernandes.

A alegria é demonstrada com euforia. Basta apenas que o último pastor fale para que entrem no *coffee break* tão esperado.

— Graça e paz, meus irmãos. Eu quero ser breve em minhas palavras, mas gostaria de usar um pouco do discurso dos meus companheiros. A preocupação do pastor Cláudio é muito fundamentada em números, quando sabemos do grande percentual de crentes — cerca de 64% — que se afastam do Caminho assim que entram em um ambiente acadêmico e veem suas, até então, inabaláveis convicções sendo postas à prova — há um silêncio entre os presentes.

'Mais que um teste para eles, pastor Fernandes — vira-se para o colega anfitrião —, será um teste para sabermos o nível de aprendizagem dos nossos membros, pois nasceram praticamente dentro da igreja. E, mesmo sendo de denominações diferentes, são amigos desde criancinhas. Somos sabedores de que amizades verdadeiras nunca se dissolvem.

'O tempo nos dirá se o conteúdo de nossas escolas bíblicas e das nossas pregações tem sido suficiente para consolidarmos os nossos membros com o escudo da fé e a espada do espírito e, principalmente, se neles foi colocado o capacete da salvação. Espero ver na vida do nosso amado irmão Frank, que irá cursar Sociologia, uma verdadeira árvore plantada junto a ribeiros de águas, cujas folhas não secam e os frutos são oferecidos na estação própria, conforme o Salmo 1:3.

'Vamos orar, louvar ao Senhor e nos deliciar com a mesa farta preparada pelos irmãos — o pastor ora, pedindo a Deus que livre os jovens das influências danosas do mundo.

Terminado o discurso do pastor Rubens, todos se dirigem à recepção, local onde umas mesas bem caprichadas esperam pelos irmãos. Afinal, crente não consome bebida alcoólica e nem fuma (pelo menos o crente raiz), mas come compensativamente.

Enquanto se servem e se abraçam, o ministério de louvor canta o hino: "Por tudo o que tens feito e por tudo o que vais fazer; por tuas promessas e tudo que és, eu quero te agradecer com todo o meu ser..."

— O que houve, irmã Joyce? A senhora quase não comeu os salgadinhos. A senhora não gosta ou está proibida pelos médicos devido à sua idade? — sorri carinhosamente Luigi, tocando suavemente nos cabelos brancos da irmã.

— Você é muito engraçadinho, mas eu te perdoo — a anciã Joyce lança um sorriso amoroso ao jovem brincalhão.

— É só brincadeirinha, irmã. A senhora ainda está uma menina.

— Sabe, Luigi, há alguns anos a Igreja do Senhor Jesus tinha um corpo mais saudável e estruturado; as pessoas iam às reuniões com muita alegria. Era como se todos tivessem o mesmo sentimento que Davi expressou no Salmo 122:1, ao dizer: "Alegrei-me quando me disseram: vamos à casa do Senhor".

— O que a senhora está querendo dizer? Pois estamos numa festa, mas a sua feição é de quem está num velório.

— É exatamente esse sentimento que está no meu coração... Não que eu ache que nenhum dos três jovens esteja preparado para encarar esse — para eles — admirável mundo novo, mas creio que teremos um ou uns óbitos espirituais com aquilo que se comemora hoje.

— A senhora acredita que eles não estejam preparados para encarar o mundo fora das quatro paredes da igreja?

— Quando te falei que antes os crentes iam com alegria e singeleza de coração aos cultos ao Senhor, é porque tinham como motivação principal a busca pela presença do Eterno para que O adorassem... Hoje, infelizmente, vivemos um evangelho onde alguns líderes se preocupam mais em encher as cadeiras da igreja que os bancos do céu.

— Mas, irmã, o culto hoje é muito mais alegre... As nossas igrejas estão cheias de jovens. Antes, só se viam velhos nas reuniões dos crentes.

— Engano seu, meu jovem. A igreja sempre teve um público misto, pois a Palavra do Senhor converte pessoas de todos os segmentos e faixas etárias. Você está redondamente enganado, pois, na verdade, o que acontece hoje é que a liturgia é feita — em quase todas as igrejas — para agradar aos jovens, tentando prendê-los às igrejas. No passado, as pessoas eram convencidas e conquistadas pelo Espírito Santo; hoje, são as técnicas de psicologia e psiquiatria, positividade tóxica que são aplicadas nos púlpitos, sendo recheadas de pessoas carismáticas...

— A sua preocupação com os três jovens que irão adentrar pelas portas da faculdade é a de que eles não tenham sido devidamente instruídos na Palavra?

— Nem todas as igrejas e nem todos os líderes agem dessa maneira, pois Deus sempre tem Seus remanescentes. Porém, parte da Igreja do

Senhor está sendo enfraquecida com tanta água com açúcar servidos em alguns púlpitos e, com o fim da Escola Bíblica em algumas denominações, o alimento que é dado às ovelhas não lhes garante nutrientes espirituais suficientes para que estejam preparadas contra as astutas ciladas do diabo... *Fast food* é muito saboroso, mas a alimentação apenas disso levará a pessoa certamente a óbito.

— A senhora vê a faculdade/universidade como algo do diabo?

— De jeito nenhum! O que estou querendo dizer é que todos os filhos do diabo têm a mesma audácia de seu pai, pois foi com essa petulância que ele falou à Eva que se ela comesse do fruto do conhecimento do bem e do mal "certamente" não morreria. Da mesma forma, todos os que debocham da autoridade da Bíblia e da existência de Deus têm a mesma arrogância, tendo em vista que o diabo é mentiroso e pai da mentira, como está escrito em João 8:44. E a embalagem da fala esconde o sofisma da afirmação.

— Mas o crente conhece a verdade...

— Se você, por exemplo, trabalha em um banco com dinheiro, procurando conhecer bem as características de uma nota verdadeira, quando aparecer uma nota falsificada, facilmente detectará a sua falsidade, mas se não atentou muito para o conhecimento, poderá vir a ter um grande prejuízo. Assim como os falsificadores cada vez mais se esmeram para enganar até os especialistas na área da emissão do papel-moeda, assim também Satanás é muito bom em sofismas, que são as quase verdades; tudo o que é quase verdade é uma mentira completa... Nos bancos já há máquinas que detectam notas falsas, mas não dá para criar máquinas que detectem a falsidade em termos teológicos/espirituais...

'Sessenta e seis livros para serem lidos e estudados; acho que poucos ou nenhum curso superior têm essa grade curricular. Agora, imagine o quanto as pessoas, em geral, têm vontade de ler, vivendo na sociedade da imagem...

— A senhora quer dizer que se eles não tiverem esse conhecimento que liberta, conforme João 8:32, poderão aceitar os sofismas de Satanás, e o ambiente acadêmico é perfeito para a elaboração desses sofismas!? Puxa, até eu acho que perdi o apetite.

— Agora é fácil perder o apetite, pois você já comeu mais de quatro bandejas de salgados...

— Não precisa toda essa precisão matemática nos fatos, não é mesmo? — Luigi tenta se livrar da acusação.

— Vamos, meu filho, eu vou acompanhá-lo no lanche. Além disso, a preocupação não resolve coisa nenhuma, mas a oração de um justo tem muita eficiência, de acordo com Tiago 5:16. Portanto, eu farei aquilo que eu sei e que ninguém pode combater, nem mesmo numa faculdade/universidade: eu vou orar para que Deus guarde a mente e o coração desses três jovens a quem tanto amo.

— Agora sim, irmã Joyce. Vamos lá. Afinal, cabe a cada dia o seu mal, como está escrito em Mateus 6:34.

Os dois saem abraçados em direção ao banquete oferecido pelas igrejas.

Capítulo 2

O primeiro dia de aula

Priscila, Délcio e Frank marcam um encontro meia hora antes do início da aula para baterem um papo.

— Não posso negar que minhas pernas estão trêmulas de tanto nervosismo — confessa Priscila

— Pois eu estou tranquilo. Se a faculdade fosse algo tão terrível, não teria tanta gente estudando, mas apenas um pequeno número — fala Délcio, levantando as sobrancelhas, em sinal de solicitação de confirmação por parte de seus ouvintes, demonstrando estar bem à vontade no ambiente acadêmico.

— Irmão Délcio — fala Frank —, eu creio que a irmã Priscila está falando sobre duas tensões, tanto a de estarmos em um ambiente novo para nós como também da esfera espiritual deste lugar. Eu não me aprofundei muito nesse assunto, mas vi o pastor Rubens fazer um estudo sobre as potestades e dominadores do ar deste mundo tenebroso. Não consegui ouvir muito, pois estava numa conversa no WhatsApp, mas achei bonito e assustador o tema.

— Deixem-me explicar para vocês — diz Priscila. — Quando Adão e Eva pecaram... — Délcio a interrompe.

— Pera aí! A ordem certa é: quando Eva e Adão pecaram... Primeiro foi Eva, depois foi Adão — Délcio fala sorrindo.

— Se você não prestou atenção sobre o assunto "Batalha espiritual", pelo menos gravou a ordem do pecado narrado na Bíblia. Mas adivinha a quem Deus chamou para prestar contas? Adão ou Eva? — Délcio baixa a cabeça com a pergunta bem colocada pela irmã. — O homem é o sacerdote, e é dele que Deus vai requerer tudo que acontecer em relação a sua família. Entendeu, Délcio? — Délcio engole seco, tendo de concordar. — Mas posso continuar?

— Continue, Priscila, não ligue para Délcio. E, assim como ele, muitos crentes aprendem apenas aquilo que possa trazer certo humor. Porém, quando se trata de assuntos mais profundos, eles dividem suas atenções com as redes sociais. Eu mesmo me vi dentro da igreja, mas com o pensamento tão longe, que a única coisa que eu podia fazer era disfarçar com um sorriso bem amarelo — confessa Frank.

— Como eu ia dizendo: teologicamente, o príncipe deste mundo... Ou melhor dizendo, do sistema que rege este mundo, é Satanás. Quando houve a desobediência por parte do casal — ela lança um olhar de intimidação em direção a Délcio — Adão e Eva, obedecendo às orientações da serpente — possuída pelo diabo —, é como se os dois tivessem assinado uma procuração — na verdade, uma subprocuração — passando ao diabo o direito de governar a Terra, cuja procuração o Senhor tinha dado a Adão.

— Vocês veem o diabo em tudo — desdenha Délcio.

— Aqui na Terra não há nada puro. Quando se vai, por exemplo, a um cabeleireiro, deve-se estar sempre em estado de alerta porque a gente não sabe se ele está apenas cortando nossos cabelos ou ministrando sobre nossas cabeças — diz Priscila.

— O pastor Rubens falou mais ou menos isso... É que não me lembro direito — fala Frank, lamentando estar, na hora da palestra, mergulhado nas redes sociais, mesmo num ambiente espiritual.

— Quando nós adentrarmos nesse ambiente acadêmico, todos os professores que estarão ministrando as aulas em um momento ou outro irão querer passar muito além do conteúdo que está na ementa; eles tentarão incutir os seus posicionamentos e suas crenças sobre a turma. É nesse momento que a pessoa que tem discernimento consegue captar aquilo que os alienados espirituais acharão que não passa de uma brincadeira ou dirão: "Tem nada a ver". — Priscila tenta alertar os irmãos.

— Priscila, acho que você vê as coisas com seriedade demais. Eu te aconselho a curtir o momento e aproveitar para conhecer pessoas interessantes — comenta Délcio.

— Délcio, eu não separo o conhecimento, a diversão e a Palavra de Deus em momentos distintos. Eu vivo sempre usufruindo dessas vitaminas...

'Não deve ser o seu caso — pelo menos eu espero —, mas há muitos crentes que são cristãos apenas geográfica e temporariamente — que é aquilo que se convencionou chamar de "culto". Mas veja só: já pensaram se Jesus achar de voltar exatamente quando se estiver na faculdade, local que não se enquadra nem no momento nem na geografia da vida espiritual desse tipo de crente com Deus?

A moça fala como alguém que sabe que uma ponte quebrou, e que resolve correr alguns metros para bem longe do buraco e fica agitando um pano vermelho para alertar do perigo para aqueles que estão indo em direção à morte, pessoas que estão achando que estão numa ponte segura, desconhecendo a quebra da ponte e o abismo que as aguarda cheio de apetite pelo sangue dos desavisados. Afinal, os estômagos da sepultura e dos cachorros nunca estão satisfeitos...

— O papo tá bom, mas já está na hora de entrar, e eu não quero chegar atrasado — interrompe Délcio a conversa que está lhe pesando nos ombros.

— Você preocupado com a hora, Délcio? Eu me lembro que tem um rapaz da tua igreja, que é meu amigo, que sempre comenta que você só chega aos trabalhos da igreja quando eles já estão quase na metade ou até mesmo na hora do amém... — fala Frank zoando com Délcio.

— Vamos aproveitar esse pouco tempo que nos resta e fazermos uma oração?! — chama Priscila.

— Desde que não custe muito — Délcio fala olhando para a porta da sua "terra prometida".

— Senhor, nós queremos entregar as nossas vidas em tuas mãos, principalmente as nossas mentes e os nossos corações. Iremos entrar por esse portão e não sabemos exatamente o que nos espera, mas sabemos que o Senhor irá conosco. Ajude-nos a sermos bênçãos nesse ambiente, independentemente das dificuldades que ele nos apresente. Pedimos tudo isso no nome do teu filho amado, Jesus Cristo. Amém — os dois falam amém. Porém, Délcio não se ligou na oração nem sequer fechou os olhos.

— Valeu, turma! Deixe-me ir correndo, pois quero escolher uma cadeira num lugar estratégico — Délcio sai correndo de perto de Frank e Priscila, os quais se despedem, indo cada um para os seus respectivos cursos.

Délcio é o mais impressionado com o ambiente acadêmico; ele não consegue nem disfarçar sua empolgação, olhando todo aquele movimento frenético de pessoas procurando suas turmas, comparando toda essa agitação ao movimento que viu na televisão, assistindo a um documentário sobre o garimpo da Serra Pelada.

Senta-se nas últimas cadeiras, no famoso "fundão", que é um lugar — na grande maioria das vezes — de pessoas que não querem se expor e, além disso, dos alunos que se contentam com a mediocridade.

Esse setor tem o terrível poder semelhante ao dos japoneses em relação às possíveis grandes árvores, que eles transformam em bonsais. Muitos que poderiam ser grandes e de grande destaque em suas áreas passam pelo processo de "bonsaização", tornando-se apenas uma arvorezinha que serve de enfeite numa mesa ou num canto de uma casa, quando deveriam ser árvores grandes para servirem de abrigo e alimento para os passarinhos e sombra para os viajantes.

Frank chega meio nervoso à sua turma, procura um canto intermediário e se fixa no seu celular, evitando que alguém venha puxar assunto com ele.

Frank tem muita vontade de servir a Jesus Cristo com todo o seu coração, mas a vontade não é acompanhada do prazer de servir ao Senhor com alegria, de acordo com orientações do Salmo 100:1-2 e, muito menos, do esforço necessário para a conquista do Reino de Deus, segundo Mateus 11:12: *"Desde os dias de João Batista até os dias de hoje, o Reino de Deus é tomado por esforço, e os que se esforçam poderão entrar nele"*, situação *sine qua non* para todo nascido de novo e que deseja não viver mais para si, mas para seu Senhor Jesus Cristo.

Priscila chega a sua sala tomando posse do lugar, seguindo as coordenadas de Josué 1:3: *"Todo o lugar que pisar a planta do teu pé, eu te tenho dado, conforme eu disse a Moisés"*. Olha para todas as pessoas já orando por todas elas, pedindo a Deus que elas não sejam apenas seus colegas de turma, mas irmãos em Cristo.

Diferentemente de Délcio, ela se senta bem na primeira fila, pois pretende aprender o máximo e, para isso, quer evitar distrações.

Os três se encontram na saída e cada um fala da primeira impressão que teve em relação ao primeiro dia de aula. Délcio é o mais empolgado; Frank se mostra preocupado com as tentações; Priscila vê uma ótima oportunidade para pregar a Palavra de Deus.

Na primeira semana de aula há poucas atividades, sendo semelhantes aos velhos motores que tinham de esquentar antes de se iniciar uma viagem ou a uma televisão antiga que precisava de cinco minutos para aparecer a imagem enquanto ela estava reservando qualidade. Os alunos aproveitam para fazer amizades e trocar números de celulares, WhatsApp, Instagram, e-mails etc.

Nessa primeira semana, geralmente, são criadas as famosas "panelinhas", que na verdade não passam de criações naturais de guetos, galeras... Enfim, de pessoas que se identificam e acabam criando as suas tribos.

Délcio faz amizade com todo o pessoal do "fundão". Logo na sexta-feira eles resolvem matar aula para darem um "rolê" pela cidade. Dois jovens de sua nova tribo têm um carro e levam toda a galera para se conhecer melhor.

Na empolgação e na vontade de agradar seus novos amigos, Délcio nem percebe que um deles acende um cigarro com um cheiro meio estranho. Ele, que sempre viveu no mundo "igreja", não consegue discernir que se trata de um "baseado", droga usada para levar as pessoas a sair de si, mergulhando num mundo fantasioso, perigoso e, às vezes, sem volta...

Há hoje uma corrente de políticos que tentam influenciar a sociedade a ver isso como normal, alegando que não se trata de mal nenhum, em revanche aos testemunhos de pessoas que quase morreram no uso de drogas, tendo como a porta principal a "inofensiva" maconha. Pode-se até apostar que esses políticos tenham interesses financeiros em espalhar esses produtos para ganharem por produção própria ou de seus comparsas plantadores e distribuidores.

Ele fica calado mesmo sendo incomodado com a fumaça, evitando ter contratempo com pessoas que conhece há tão pouco tempo. Além disso, morre de medo de que alguém o chame de radical. E como é prática dos pós-modernos, usa o expediente de agir politicamente correto para esconder a sua covardia.

Mesmo com muita insistência dos seus companheiros de sala de aula, ele consegue — com muita dificuldade — dizer "não" ao convite para provar do cigarro de cheiro diferente.

Frank chama a atenção de algumas jovens de sua turma devido ao seu jeito tímido. No mais, ele tem uma cara de "nerd", o que é um atrativo para algumas meninas.

Ele é convidado por Vânia e Valdete (colegas de turma) para irem ao cinema — aproveitando que as aulas não iniciaram de verdade —, recusa duas vezes, mas na terceira ele cede ao convite das moças.

Valdete é só simpatia, mostra-se superinteressada na capacidade intelectual de Frank, já a Vânia...

Vânia põe a sua mão em cima da de Frank, o que lhe faz ter a sensação de ter levado um choque de 10.000 volts. Também Frank é tomado por dois sentimentos. Por um lado, ele está feliz em ter despertado o interesse de uma menina muito bonita; por outro lado, ele sente um medo muito grande com a possibilidade de se envolver com uma moça que não faz parte da sua igreja e que, certamente, vive num mundo muito diferente do dele.

Para sorte de Frank, o filme termina e cada um vai para sua casa. Mesmo apavorado, ele consegue escapar dessa primeira investida de Vânia. Porém, ele mesmo se pergunta: "Até quando?".

Na outra sala, Priscila consegue detectar os "crentes" e os convida para saber se já há algum grupo cristão em atividade na faculdade. Ela é informada sobre um e o local onde se reúne, chama os irmãos da sala e vão ao encontro do grupo cristão.

Ela, Marcos, Chico e Carol chegam ao local da reunião. Todos estão de mãos dadas e fazendo uma oração, iniciando o trabalho. Quando eles terminam a oração e abrem os olhos, veem os novatos adentrando.

— Sejam bem-vindos, meus amigos — fala o que parece ser o líder do grupo.

— Eu agradeço as boas-vindas em nome de todos. Meu nome é Priscila... Vou deixar que cada um se apresente.

Após as apresentações, o líder começa a explicar o funcionamento do grupo.

— Em primeiro lugar, quero lhes dizer que é um prazer enorme tê-los em nosso meio e que espero que venham somar conosco na propagação do Evangelho neste ambiente acadêmico.

— Nós queremos fazer o IDE de Jesus e pregar o Evangelho a tempo e fora de tempo, segundo ordens em II Timóteo 4:2. *"Pregue a Palavra, esteja preparado a tempo e fora de tempo, repreenda, corrija, exorte com toda a paciência e doutrina"* — fala Priscila com muita unção e emoção.

— Bom... Meu nome é Judy e o nosso movimento se chama Mover, e ele existe em algumas faculdades... Nós somos interdenominacionais e temos a Bíblia como único manual de fé e prática.

— Eu e meus amigos fazemos o curso de Filosofia e estamos muito querendo ser usados por Deus para difundir Sua Palavra — diz Priscila.

— Então, sejam muito bem-vindos! Trabalho não falta; o que falta são trabalhadores. Mas eu agradeço a Deus por sempre reservar seus sete mil para nos ajudar (I Reis 19:18). Inclusive, nós estávamos orando por novas pessoas para o nosso grupo no exato momento em que vocês chegaram.

— Que bom — disse Chico, dando um abraço em Judy, fazendo com que todos começassem a se abraçar e comemorar o nascimento de lindas amizades, nesse parto natural/espiritual.

Capítulo 3

O primeiro culto dos novos acadêmicos

Os três se encontram meia hora antes do culto, como de costume — tendo em vista que suas igrejas ficam próximas —, mas o clima amistoso que sempre marcou esse encontro foi trocado por uma tensa e pesada atmosfera, semelhante a uma final da Copa Libertadores da América entre brasileiros e argentinos.

— O que vocês têm? — pergunta Priscila

— Como assim? — Frank se faz de tonto.

— Você sempre com essa desconfiança, Pri — desconversa Délcio.

Empolgada com a experiência que teve durante a semana na faculdade, Priscila começa a falar sobre seu envolvimento com o grupo Mover, que é dirigido por Judy.

— Procurei as pessoas que pareciam ter Cristo em suas vidas. Vocês nem vão acreditar, mas eu não errei uma só vez. É o que realmente diz o versículo de Mateus 6:22a: *"Os olhos são a janela do coração"*. Ou como diz meu pastor: "Os olhos são o *outdoor* do interior do homem".

— Priscila, você olhou nos olhos dos seus colegas de turma e reconheceu os que são crentes? — Délcio pergunta com aspecto de assustado.

— Délcio, dá para ver o brilho celestial na face de todos os que são nascidos de novo, com exceção dos que estão com algum problema.

— Quer dizer então que há momentos em que esse brilho se torna menos intenso? — questiona Frank.

— Exatamente. É que nem sempre o crente está num bom momento... Bem, mas vi nos olhos desses irmãos um fogo de adoração. Eu os chamei, oramos e resolvemos procurar ver se existia algum grupo organizado que proclamasse o Evangelho na faculdade.

— E vocês encontraram? — pergunta Délcio.

— Sim, encontramos o Mover, que é um grupo liderado por um jovem muito empenhado na obra, que se chama Judy... Ah, e vocês, o que fizeram nessa primeira semana de faculdade?

Os dois se entreolham, olham para o infinito, tentando desconversar o assunto.

— Gente, a conversa tá boa, mas o culto já vai começar, e eu vou aproveitar para ir ao banheiro. Depois a gente continua o papo — Délcio fala e sai do ambiente.

— Eu também vou aproveitar e ir ao banheiro para não ter que sair durante o culto. Tchau, Priscila — despede-se Frank.

Priscila não percebeu que os dois usaram o velho esquema do Leão da Montanha: saída providencial pela direita.

Priscila chora e adora ao Senhor durante a celebração, mas Délcio está com o pensamento nas meninas e no mundo perigoso das drogas, e Frank na luta contra aquilo que parece lhe ser inevitável, o que faz com que os dois não consigam ouvir os louvores, louvar ao Senhor e, muito menos, ouvir a mensagem da Palavra que está sendo pregada.

A pregação na igreja de Priscila tem como texto base Mateus 6:33: *"Busquem, pois, em primeiro lugar o Reino de Deus e a Sua justiça, e todas essas coisas lhes serão acrescentadas"*. O pastor Jouberth prega na unção do Espírito Santo.

— O desafio de Deus para o cristão de hoje é o mesmo para todos os cristãos em todos os tempos: "Sonhar os sonhos de Deus e buscá-Lo acima de qualquer outro sonho". O que é uma proposta não muito sedutora para o homem que vive atrás do hedonismo... Deus nos convida para desejá-Lo mais que a prata, o ouro ou qualquer outro metal; Deus nos convida para amá-Lo acima da fama, do status, dos amores terrenos, dos títulos que podemos conquistar... Amá-Lo mais do que a nossa própria vida...

'Porém, não podemos ser tolos, iludindo-nos de que a missão é fácil, pois temos um inimigo que pode até ter seis dos sete pecados elencados pela Igreja católica como os Sete Pecados Capitais, mas preguiça é coisa que não combina com alguém que sabe que o seu tempo está acabando, conforme nos alerta o Manual da Vida em Apocalipse 12:12: *"Portanto, celebrem, ó Céus, e os que neles habitam! Mas, ai da terra e do mar, pois o diabo desceu até vocês! Ele está cheio de fúria, pois sabe que pouco tempo lhe resta"*

— o pastor é interrompido por vários brados de júbilos e de louvores ao Nosso Senhor e Salvador Jesus Cristo.

'Pensem comigo, irmãos: se Satanás — com a sua lábia (pai da mentira) — conseguiu enganar uma terça parte dos anjos que estavam no céu, ou seja, um lugar onde não havia pecado, imagina o que ele não faz com crentes desavisados e sem capital bíblico alto? Se a geração de crentes Esaús acredita que a perda da primogenitura — ou salvação — não passa de uma brincadeirinha... Se as virgens acharam que não havia muita importância em não ter estoque de azeite para as suas lâmpadas...

'Muitos estão achando que as coisas não têm a importância real que a Bíblia lhes atribui; muitos acreditam que o Evangelho não passa de uma história da carochinha, ou que Deus se adaptou à Pós-Modernidade, momento em que a verdade passou a ser vista como decidida pela vontade individual ou pela melhor narrativa feita.

'Porém, n'Aquele Dia muitos se lamentarão por terem escolhido um script diferente do que Deus — como Diretor da Novela Real da Vida — lhes tinha dado, andando por caminhos que pareciam tão inocentes, mas em que no final lhes espera a morte, como alerta Provérbios 14:12.

'Buscar o Reino de Deus e a Sua justiça em primeiro lugar é escolher ser feliz e comer o melhor dessa Terra. Afinal, o que Ele quer pra nós é bom, agradável e perfeito.

Priscila chora, ergue seus braços e ora:

— Senhor, eis aqui a tua serva. Peço-Te que me use naquela faculdade, segundo a Tua vontade. Eu Te imploro por sabedoria e graça. Obrigada por já ter encontrado pessoas que estejam no mesmo propósito de Te buscar mais que a tudo. Amém.

Após o culto, os três se encontram para o lanche rotineiro, mas os dois rapazes parecem meio desligados.

— Vocês dois estão meio calados e parecem estar muito distantes. O que houve? Vocês estão passando por algum problema? Querem oração?

— Eu agradeço, mas não estou confortável para falar sobre isso agora — defende-se Délcio.

— É, Délcio, muitas vezes não ficamos confortáveis para nos abrir a respeito de nossas fraquezas com os nossos irmãos. No entanto, esse desconforto deveria nos levar a não praticar o pecado... O desconforto deveria nos constranger a não transgredir a Lei do Senhor.

— Priscila — Frank fala cabisbaixo —, é que há assuntos que nós, rapazes, não nos sentimos à vontade para falar com meninas, mesmo que sejam amigas e irmãs em Cristo, como você. Você pode não levar para o lado pessoal?

— Peço até desculpas por estar parecendo uma "entrona" em suas vidas, mas é que, na madrugada de ontem, o Espírito Santo me levou a interceder por vocês dois, e teve momentos em que eu senti uma dor tão grande, que parecia dores de parto.

— Mas, pelo que eu saiba, você nunca teve filhos. Como pode saber como é a dor do parto? — brinca Délcio.

— Jeito de falar, seu bobo — Priscila dá-lhe uma bibliada na cabeça.

— Não liga pra esse cara, pois tudo ele leva na brincadeira. Aliás, se ele usasse essa inspiração e inteligência piadística, ele seria um dos maiores teólogos ou qualquer outra área de estudo que escolha — Frank dá um leve empurrão nas costas de Délcio.

— Eu entendo essa dificuldade de falar de coisas de homens com uma menina, mas os aconselho a buscarem os seus líderes espirituais o mais rápido possível — diz Priscila.

— Mas posso saber o porquê do desespero todo? — pergunta Délcio.

— Se nós tivermos um ferimento e o tratarmos, imediatamente ele sarará com muita velocidade e facilidade, mas se deixarmos para depois, depois, depois... O simples ferimento pode até virar um câncer. Da mesma forma são os nossos pecados. Se nós confessarmos ao Senhor, conforme I João 1:9, Ele nos perdoará imediatamente. Porém, além de confessarmos ao Senhor para sermos perdoados, temos também que confessar uns aos outros para sermos curados. De acordo com o que a Bíblia diz em Tiago 5:16, devemos confessar os nossos pecados uns aos outros e orarmos uns pelos outros.

— Você quer dizer que não basta pedirmos perdão a Deus? — Frank pergunta com os olhos bem arregalados.

— O perdão vem de Deus, mas precisamos confessar as nossas falhas a um irmão — desde que seja de confiança —, e este deve orar por nós para alcançarmos também a cura para as nossas almas. Inclusive, foi isso que Freud pescou da Bíblia, criando a psicanálise (Salmo 32:3: *"Enquanto calei os meus pecados, envelheceram os meus ossos pelos meus constantes gemidos todo o dia"*), dando o pomposo nome de "Livre associação", um método que ele propôs em substituição à hipnose.

— O que traz isso de bom para quem expõe seus erros a uma pessoa? — Frank acha isso muito perigoso e estranho.

— Veja só, Frank, quando a gente tem coragem de falar sobre algo feio que cometeu, é um sinal de que essa coisa já não nos domina... Se "apenas" ficarmos confessando a Deus e sendo perdoados, podemos nos acostumar com o fato de onde abundar o nosso pecado, superabundar a graça de Deus. Porém, ao trazermos o nosso pecado à luz, demonstramos que não só estamos arrependidos, mas que também não pretendemos mais cometê-lo.

— Mas, Priscila, a gente deve ter muito cuidado com isso — alerta Délcio.

— Com certeza, Délcio. Mas por que você diz isso?

— É que eu escutei a seguinte história: três irmãos se reuniram para orar uns pelos outros. O primeiro começou a abrir seu coração: "Meus amados, eu preciso de oração... O meu pecado é gostar muito de mulheres. Há momentos em minha vida em que estou tão carente, que até ao sentir o perfume de uma mulher a minha cabeça fica zonzinha". O irmão se ajoelhou e os outros dois foram orar por ele. Ao chegar a vez do segundo, este baixou a cabeça e começou sua "livre associação" — ele olha para Priscila —, dizendo: "Meus amados, o meu grande problema está relacionado ao dinheiro... Eu muitas vezes uso até de desonestidade para conseguir levar vantagens sobre as pessoas... Eu já cheguei até a ter vontade de, na hora da oferta, colocar dois reais e tirar cem...". Os dois, mesmo estando boquiabertos, pediram que o irmão se ajoelhasse e levantaram um grande clamor pelo irmão.

— Délcio é muito bom em histórias. É uma ótima ilustração para o que a Priscila está nos ensinando. Sabe, Délcio, eu achei que você já iria com mais uma de suas piadas. Parabéns. Mas continue com a sua história — Frank está admirado com a seriedade de Délcio.

— Continuando... O primeiro irmão confessou que o seu problema era com o desejo exagerado pelas mulheres, o segundo falou que a sua perturbação era o dinheiro, mas o terceiro começou a andar freneticamente de um lado para o outro. Um dos irmãos pega em seu ombro e lhe diz: "Irmão, tanto eu como o outro irmão confessamos os nossos pecados e recebemos oração. Porém, eu vejo que o irmão parece inquieto. O senhor não gostaria de falar sobre o que mais o aflige? Assim, podemos levantar uma intercessão para que o Senhor também o ajude em sua fraqueza". Depois de o irmão mostrar mais aflição ainda, coçando a cabeça, esfregando as mãos freneticamente e andando de um lado para o outro, ele finalmente conseguiu falar: "Meus amados, vocês confessaram suas debilidades, um dizendo que o problema é o sexo e outro que o problema era o dinheiro... O meu problema é a fofoca. Eu tô doido pra sair daqui e contar pra igreja toda aquilo que vocês confessaram pra mim...".

— Eu sabia que, vindo de você, só poderia sair molecagens — Frank sai correndo atrás de Délcio, este sai correndo e se acabando de rir. Priscila fica assistindo à cena e se divertindo.

— Esses dois... — Priscila aproveita e vai mais cedo para casa, pois os dois vão ficar um tempão correndo por aí.

Ela é do tipo que está sempre lendo alguma coisa, pois gosta de ter uma cosmovisão e ser uma "especialista em generalidade". Aproveita o resto da noite para dilatar um pouco mais a sua mente.

A moça gosta do pensamento de Einstein — o que também é defendido pela Neurociência com o estudo da neuroplasticidade — a respeito da capacidade que qualquer pessoa tem, em qualquer idade, de aprender qualquer coisa.

Ela sabe que, embora o pecado tenha diminuído a capacidade intelectual do homem em 97%, mesmo essa mente corrompida tem a capacidade infinita, pois "A mente que se abre para uma nova ideia jamais voltará ao seu tamanho original".

O cérebro é a máquina mais perfeita que existe no universo, nunca precisando de um cartão de memória ou HD externo. Além disso, podemos crer na promessa bíblica de que Jesus Cristo dá sabedoria àquele que Lhe pede, conforme Tiago 1:5.

Capítulo 4

A segunda semana de aulas

Os três estão eufóricos na segunda-feira. Porém, cada um com uma motivação diferente. Priscila, com muita vontade de rever os irmãos do Mover e começar a pregar o Evangelho na universidade; Frank, com medo e saudade de Vânia, a moça que investiu "quente" em cima dele. Ele não sabe se continuará resistindo ou se se entregará aos desejos da carne. Délcio, por sua vez, está tenso em saber se vai conseguir vencer a curiosidade de conhecer o mundo proibido dos entorpecentes. Ele — como todo bom tolo — acredita que pode entrar e sair a hora que quiser, como se as drogas fossem como um shopping center, durante o horário comercial, cujas portas abrem-se automaticamente sempre que se chega perto. Quando, na verdade, o caminho das drogas se parece mais com uma ratoeira: facílimo para entrar — os viciados ou traficantes até dão a primeira pedra, o primeiro baseado ou qualquer que seja a droga —, mas para sair é de difícil a impossível.

A conversa já não é mais tão longa como na primeira semana. Afinal, a primeira semana de quase toda faculdade/universidade é um misto de embromação com o faz de conta de que professores estão ensinando e alunos estão aprendendo; é um verdadeiro acordo de cavalheiros. Uns ganham seus honorários e outros ganham carga (vazia) horária de aulas.

Frank — ainda tentando lutar — se senta bem longe das duas meninas, fazendo de conta de que a ida ao cinema não teve muita importância. Porém, Vânia dá um jeito de ir trocando de cadeiras até conseguir um assento bem perto do jovem, o qual se assemelha ao jovem sem juízo de Provérbios 7:6-27. A diferença é que Vânia não é casada. Portanto, Frank não pode praticar o adultério, mas o pecado de fornicação está lhe rodeando. Como Deus disse a Caim, em Gênesis 4:7, diria a Frank: "O pecado está à tua porta, cumpre a ti dominá-lo".

Vânia é uma moça jovem, que anda como todo homem natural, nas obras da carne, e mais ainda pela influência das "fezes sonoras" (que é o que se é obrigado a chamar de música, devido à arbitrariedade do signo), que tratam as mulheres como se nenhuma mais tivesse o pudor ou valores intrínsecos.

Além do mais, as pessoas do mundo se sentem muito atraídas por um desviado, que mesmo não sendo muito belo chama a atenção. O inimigo se aproveita da ocasião para tentar afastar mais ainda o afastado.

Quem está passando também por um labirinto de sentimentos é Délcio. Ele sabe como o pastor e a sua igreja acreditam em seu potencial. Porém, o que ninguém sabe é que a sua constância na igreja é mais um ato religioso que uma adoração ao Senhor. Ele entrara na igreja havia muitos anos, mas a igreja nunca entrou nele... Ele "cumpre suas obrigações", mas não consegue trazer um cântico novo ao Senhor (Salmo 96:1 e 98:); participa solenemente das reuniões, mas não há vida cristã nele. Seu relacionamento com Deus é tão solene quanto um cortejo fúnebre... Ele só faltava usar óculos escuros durante a liturgia.

Délcio, cuja vida foi tomada pela monotonia, está com muita vontade de experimentar o "novo". E não demora muito para que os seus "amigos" se aproximem dele para levá-lo a um mundo muito perigoso... Há caminho que ao homem parece "de boa", mas o seu fim leva à morte, parafraseando Provérbios 14:12.

O caminho que Priscila resolve trilhar é totalmente na contramão dos colegas. Ela já disse em oração e continua orando em silêncio, repetindo ao Senhor: "Eis-me aqui. Envia-me a mim" (Isaías 6:1-8).

O reencontro dos irmãos do Mover é uma festa só.

— Shalom — diz Priscila ao grupo.

— Paz seja contigo, moça mui amada do Senhor — responde Judy.
— Como não temos muito tempo, pois a aula já vai começar, eu proponho um encontro na hora do intervalo. Tudo bem pra todo mundo? — todos concordam. — Então, tá combinado!

Priscila está animada e curiosa para saber como será a sua primeira aula de Filosofia. O professor entra com o ar meio sinistro.

— O que é isso aqui? — aponta para uma cadeira antes mesmo de dar o tradicional "boa noite".

— É uma cadeira — responde André, apressadamente.

— E quem lhes disse que isso é uma cadeira? — insiste o misterioso professor.

— Todo mundo diz que é uma cadeira — Willians responde o que lhe é lógico.

— E pra que serve uma cadeira? — o professor faz uma pergunta aparentemente sem nexo.

— Para as pessoas sentarem. Ora bolas — André novamente se antecipa aos demais.

— E quem lhes pode afirmar isso? — o professor Carlos Araújo se aproxima do jovem aluno com um olhar intimidador.

Diante da pressão do professor, os alunos se calam com medo de responder.

— Vejam bem... As pessoas aceitam as coisas mais por imposição que por racionalidade ou escolha própria. Isso se deve à arbitrariedade dos signos. Eu pretendo abrir a mente de vocês para a negação, a contradição e a reflexão. — Carlos Araújo começa a andar de um lado para o outro da sala, mostrando um poder dominador sobre sua plateia.

'Deve-se estabelecer uma realidade para vocês, jovens acadêmicos — ele abre um livro e começa a ler: "Nem a moral nem a religião, no cristianismo, têm algum ponto de contato com a realidade. São **causas imaginárias** (Deus, alma, livre-arbítrio) e **efeitos imaginários** (pecado, salvação, graça, castigo). Um comércio entre **seres imaginários** (Deus, espíritos). **Um mundo de ficção**, que falseia, desvaloriza e nega a realidade".

'No ambiente acadêmico vocês devem se abrir para o conhecimento e a experimentação... A ciência trata com intelectuais — como vocês são —, e não com alienados e fanáticos religiosos — reabre o livro:__ "Cristão é o ódio ao espírito, ao orgulho, coragem, cristão é o ódio aos sentidos".

'A filosofia é a arte da dúvida. A tradição e a religião trazem o conformismo (*status quo*) e o amputamento do pensamento livre. Apenas a filosofia pode libertar o homem... — nisso, Priscila o interrompe.

— Professor, não é a filosofia que liberta o homem, mas Jesus Cristo, conforme João 8:32: "Conhecereis A Verdade, e A Verdade vos libertará".

— Ah, vejo que temos uma moça religiosa entre nós. Minha jovem, você deve ter recebido uma lavagem cerebral que a levou à aceitação da religião como a verdade absoluta.

— O senhor acertou uma e errou a outra coisa. O senhor acertou quando disse que eu recebi uma lavagem cerebral... — o professor se empolga com a resposta da aluna.

— Vejo que você pelo menos tem consciência desse processo imposto em todas as igrejas, principalmente as evangélicas.

— Retornando... A lavagem tem a função de limpar. Logo, o meu cérebro só foi lavado — pelo sangue de Jesus — porque estava sujo com tantas bobagens, tolices e fábulas... Inclusive, todas as pessoas têm de passar por esse processo. Tudo que o senhor leu para nós foi tirado da mente de uma pessoa que estava à beira do precipício mental, o Nietzsche, que escreveu uma correnteza literária de ódio contra o cristianismo — possivelmente pelas experiências negativas que teve com seus familiares — pois o pai e o avô eram ou se diziam pastores —, mas que não lhe dá o direito da generalização, pois toda ela é burra, como disse Nelson Rodrigues. O livro *O Anticristo*, lido pelo senhor como se fosse uma verdade científica, nada mais foi que a entrada na escuridão mental total da loucura, o que aconteceu com Nietzsche dois anos após o lançamento desse ódio destilado em letras.

'Porém, o senhor errou quando disse que eu aceitei que a religião me dominasse. Eu, professor, sou escrava da "orelha furada", não de uma religião, mas do Senhor Jesus Cristo.

— E o que é uma escrava da orelha furada? — o termo é novo para o professor.

— Na Antiguidade, quando alguém recebia a sua carta de alforria, mas, mesmo alforriado, desejasse continuar servindo ao seu senhor, esse escravo furava a sua orelha como sinal de servidão por opção.

— Vejo que, apesar de ser cristã, você é dada à leitura... Isso me causa espécie, pois sempre vi nos cristãos a ignorância imperar, pelo fato de lerem tão somente a Bíblia.

— O senhor tem certa razão, mas não total. Inclusive, quase todos os homens que serão citados aqui nessa faculdade foram tementes a Deus. A ciência nasceu sob a égide de Deus, da mesma forma que a nossa Constituição — as argumentações de Priscila foram recheadas de convicção e entendimento a respeito do que crê, segundo nos orienta I Pedro 3:15.

— Fico empolgado quando vejo alunos que travam discussões no nível da intelectualidade. Muito interessante suas informações — diz a Priscilla. — Porém, como nossa primeira atividade do ano, eu gostaria que todos escrevessem um texto sobre esta cadeira.

'Pensem e confrontem tudo o que vocês já ouviram a respeito do nome, da utilização e tudo mais.

O professor se senta, enquanto os alunos — bem assustados — começam a tentar elaborar um texto sobre algo que não lhes parece ser nem um pouco pertinente. Porém, na sala havia um quadro com o seguinte dizer:

A arte de saber ouvir um mestre pode tornar um aluno – (A) prefixo grego de negação (LUNO) luz = aquele que não tem a luz – em um iluminado; em um mestre que talvez supere o seu próprio mestre.

Sai cada loucura das mentes e das canetas daquelas pessoas, que parece que a sala de aula se tornou um manicômio.

Depois de lidas as respostas, a de que o professor mais gosta é a de Priscila. Ela escreve a seguinte redação: "Mas, que cadeira?"

A aula termina, e com ela, o terror daqueles momentos que deixaram pessoas com dor de cabeça, outras zonzas e outras parecendo que tinham fumado um "baseado".

— Cara, eu acho que nunca mais vou precisar usar drogas pra fazer a minha cabeça. Daqui em diante, eu irei fazer altas viagens no trem da filosofia — Manoel parece estar viajando numa dose próxima da overdose; o platinado de alguns estava quase colando.

Nisso, Priscila se aproxima dos colegas e lhes diz:

— A filosofia é a mãe de quase todas as ciências, mas também é a madrasta de quase todas as loucuras — os colegas, que já estavam zonzos, ficam mais zonzos ainda.

O professor Paulo Freire começa a aula de psicologia na sala de Délcio.

— A mente do homem é um total enigma para o senso comum, mas a ciência busca a resposta para os mistérios da máquina mais perfeita que já existiu neste planeta.

Os alunos — até do fundão — estão boquiabertos pela maneira envolvente com que o professor apresenta a sua disciplina.

— Vejam este slide — aponta com uma caneta de laser. — Este é o nosso cérebro revelado por dentro.

'O cérebro é a parte mais importante do encéfalo. Ele recebe um quarto do sangue que é bombeado pelo coração, pesa perto de um quilo e trezentos gramas, o que corresponde a apenas dois por cento do corpo humano... — nisso, um aluno o interrompe.

— Professor, isso não se aplica ao meu amigo Joca. Só pro senhor ter uma ideia, outro dia a mãe dele mandou que ele fosse comprar dois quilos de arroz, quatro pacotes de macarrão, uma cartela de ovos, dois pacotes de leite e três de café. Quando ele perguntou à sua mãe onde ele traria tudo isso, a mãe lhe respondeu: "Traga no seu chapeuzinho, meu amor" — a turma caiu na risada.

— Olha o bullying, Danilo — fala Jackson, ainda sorrindo.

— Então esse é o seu nome? — pergunta o professor ao se aproximar do aluno. — Gostei da piada. Isso é uma demonstração da velocidade de pensamento que alguns têm em relação aos outros. É como se os cérebros humanos se assemelhassem aos computadores na velocidade de processamento. A diferença é que a velocidade dos computadores é definida pelos fabricantes, já a velocidade do cérebro é definida pelo proprietário.

— Como assim, professor? — pergunta Cláudia.

— O cérebro de alguém que lê, escreve, medita e questiona é bem diferente em relação às pessoas que assistem a certos tipos de programas de televisão, praticando jogos repetidos, horas a fio em redes sociais etc. E, quando o fazem diariamente, ficam piores ainda, tornando seus cérebros lentos como uma tartaruga com cãibra.

'Enquanto a leitura precisa de uma atenção endógena, ou seja, para dentro do texto, os jogos eletrônicos exigem, de seus praticantes, uma atenção exógena, ou seja, para fora, tendo de estar o tempo todo alerta para os ataques que acontecem por cima, por baixo e pelas laterais... Quem fica por muito tempo no mundo virtual acaba perdendo a paciência da leitura e da reflexão, trazendo teias de aranhas para um cérebro em desuso.

'Outro exemplo de velocidade são os carros de Fórmula 1. Alguns pilotos têm carros menos potentes que os outros, mas ganham campeonatos pelo uso do diferencial chamado cérebro. E vimos na história certo piloto que sempre andou atrás do companheiro de equipe. O outro tinha o mesmo motor, mas sempre andava mais rápido que ele.

— O homem deve usar o cérebro quanto mais for possível? — indaga Jackson.

— Uma pesquisa realizada em relação ao tempo que as pessoas assistem à televisão, por exemplo, mostrou que: os peões de uma empresa assistiam à televisão perto de quarenta horas por semana; o tempo destinado pelos encarregados, para a atividade — que é a em que menos se usa o cérebro —, não passava de vinte horas; já os donos da empresa gastam pouco mais de cinco horas semanalmente.

— Professor, por que o senhor falou que a TV é o menor esforço intelectual de um ser humano? — pergunta Danilo.

— Vejo que, além de bom em piadas, também é um bom ouvinte, e ouvinte ativo. Pois bem, a imagem é projetada na telinha por uns seis milhões de pontos de luz. Porém, o olho humano não consegue captar além de três a quatro dúzias, sendo necessário todo um trabalho no cérebro apenas para entender a imagem. Ou seja, ninguém que assista muito à televisão tem muita chance de se tornar um ser meditador, pensador e crítico... No máximo, adquirirá a síndrome de Jim Carrey, em seu filme *Sim, senhor*, obedecendo aos comandos dados por um *coach*, em um programa de autoajuda, no qual ele, que sempre dizia "não" às coisas, começa a dizer "sim" para tudo.

— Pois é, professor. Mesmo o Joca tendo a cabeça bem acima dos dois pontos percentuais em relação ao peso do seu corpo, ele não é uma pessoa a quem possa se chamar de gênio... Ele não sai de frente da televisão ou do celular — isso quando não vai fazer compras para a sua mãe —, o que pode estar atrofiando seus neurônios — a turma cai na gargalhada, o que torna a aula bem mais atrativa.

— Voltando ao nosso slide... — o professor retorna a utilizar sua caneta laser. — Aqui, bem na frente, fica o córtex central, onde ficam os neurônios, os quais são protegidos pelas células neuróglias. Pelo menos elas tentam, só não se sabe a sua capacidade de resistência em relação a tanta bobagem a que certas pessoas se expõem. Além de proteger, elas também isolam e alimentam os neurônios.

— Professor, eu acho que essas células não estão tendo muito sucesso no caso do Joca — Danilo entende tudo com muita facilidade, utilizando-se do humor na aprendizagem.

— Eu gosto quando me sinto entendido por meus alunos. Parabéns, Danilo, por suas participações. Aliás, eu espero que todos sejam participantes ativos da aula. A participação nas aulas é fator de avaliação, senhores e senhoras... — olha sobre os óculos.

A aula foi tão descontraída que nem o professor nem os alunos viram o tempo passar. O professor faz a chamada e sai da sala.

— Você é de morte, cara — Jackson dá um leve soco na barriga de Danilo.

— Cara, eu me amarrei nesse lance de conhecer minha cabeça por dentro... Será que eu vou gostar do que vou aprender? E você, Jackson, não tem medo do que pode encontrar dentro dessa sua cabeça? Ou será que ela é oca? — Jackson sai correndo atrás de Danilo, que corre para longe do furioso colega.

Na aula de Frank, a professora fala sobre o pai da Sociologia Moderna, Émile Durkheim, que, além de sociólogo, era também filósofo e exercia a psicologia social. Porém, Frank está como foi definido pelos Menudos – grupo musical de Porto Rico, que teve seu apogeu nos anos 80 —, formado por adolescentes de até 16 anos, na canção "Doces Beijos":

"Não consigo prestar atenção na aula/ Não suporto mais o professor/ Me distraio, fico olhando pro lado/ E o que faço sai tudo errado... Não consigo te esquecer; eu só penso em você desde a hora em que eu te conheci..."

O pensamento de Frank está preso tanto emocional quanto espiritualmente à Vânia, que, mesmo inadvertidamente, recebe sofismas do sistema pornográfico, tornando-a carente de chamar a atenção dos homens, fazendo com que seu comportamento se torne vulgar. Todavia, ela ainda tem sonho de princesa, mas assim como muitas moças, mesmo sem terem a consciência, a natureza caída, em Adão, lhes faz agir de uma maneira que elas mesmas reprovam dentro do seu íntimo, mas têm as suas vozes interiores amordaçadas pela sociedade, cujo modelo é moldado pela moral baixa e o comportamento padronizado. Inclusive, com a influência de algumas cantoras, que se comportam mais como se exercessem outro tipo de profissão.

Esses comportamentos são muito aproveitados pelos demônios, os quais sempre estão na companhia daqueles que não têm aliança com Jesus Cristo. Esses seres espirituais não deixam nem um instante de ser companhia de tais pessoas.

Quando uma pessoa faz a aliança com Jesus Cristo, há uma troca de guardas: os demônios são expulsos, sendo-lhes permitido ficar apenas ao derredor. Nesse momento, os anjos do Senhor recebem ordem para guardar essa pessoa a partir da aliança firmada no sangue do Cordeiro que tira o pecado do mundo. Resumindo, quem não fez a sua aliança com o Rei dos reis tem, no mínimo, um demônio ao seu lado o tempo todo.

A Bíblia fala de anjos com espadas desembainhadas (I Crônicas 21:16), o que significa que estão prontos para agir... Porém, podemos parafrasear essa passagem para os dias atuais assim: "Os anjos do Senhor estão com AR-15, metralhadoras de 9 milímetros, mísseis teleguiados e armas de alto alcance ao redor dos que servem ao Eterno".

Os demônios se aproveitam de um momento natural para a degradação no mundo sobrenatural.

Durante as aulas, Vânia manda bilhetinhos para Frank, fazendo com que ele se desconcentre do conteúdo das disciplinas. Ele está confundindo desejo carnal com amor, o que é bem próprio de jovens que estão passando pela adolescência ou por uma grande carência afetiva.

Ela pede que ele a aguarde após a aula. Nisso, chega uma mensagem de Priscila, dizendo que os três irão se encontrar para comer hambúrgueres — que é o lanche preferido de Frank. Ele — com uma dificuldade titânica — consegue dar uma negativa para Vânia, justificando-se com o fato de já ter um compromisso anteriormente marcado.

Neste exato momento, pastor Rubens está orando, pedindo a Deus que ajude a sua ovelha nas suas dificuldades. A oração é imediatamente atendida e, mais uma vez, Frank consegue escapar da sedução de Vânia. Mas até quando?

No intervalo, Priscila se encontra com o pessoal do Mover, traçando metas e métodos de evangelismo. Ela fica impressionada com o modo como o grupo já está estabelecido e tendo regras claras e bem definidas, além de atuar em outras faculdades.

Os três se encontram após as aulas, conforme o combinado, e, sem perda de tempo, vão em direção ao melhor hambúrguer da cidade.

Priscila fala de como a aula foi engraçada e como seu professor tem cara de maluco. Délcio está impressionado com a possibilidade de conhecer um pouco sobre a máquina mais perfeita que há no mundo.

— Caras, o negócio é muito doido. O nosso cérebro tem um peso tão pequeno em relação ao corpo, mas o controla, e é terrivelmente competente para isso, desde que seja alimentado... — pensa um pouco. — Agora que eu entendi aquela imagem no Facebook, que tem um cérebro e o seguinte dizer: *UM ÓTIMO APLICATIVO A SER UTILIZADO.*

— Que bom, Délcio, que você gostou da aula. É por esse motivo que a Bíblia diz em Romanos 12:2 que nós devemos renovar nossas mentes, não nos conformarmos com o modelo estabelecido por esse sistema demoníaco e termos a mente de Cristo. Ou seja, que a Palavra — que é o próprio Jesus — deve ser lâmpada para os nossos pés e luz para o nosso caminho (Salmo 119:105).

— Por falar em cérebro, o do Frank deve ter sido trocado por algum componente do antigo grupo Balão Mágico, pois ele está no mundo da lua — brinca Délcio.

— O que vocês tão falando? Escutei meu nome? — Frank fala meio que atordoado.

— Frank, eu ando muito preocupada tanto com você quanto com o Délcio... Porém, eu percebi que hoje Délcio parece bem tranquilo e interessado nas aulas. Quando eu vou orar por vocês — coisa que faço sempre —, sinto uma angústia de rasgar o peito. O que tá acontecendo, meu irmão? — pergunta Priscila.

— Nada não. Deve ser esse ambiente acadêmico novo, novas matérias... — Délcio o interrompe.

— Novas pessoas...

— O que você está querendo dizer com isso? — Frank fica bravo.

— Nada não, irmão. Tô apenas te ajudando na lista das coisas novas que podem estar mexendo com tua cabeça — fica como que olhando para o vazio do infinito.

— Ainda bem, ainda bem...

— Vamos acalmar os ânimos. Que tal mais um hambúrguer pra cada um? — os dois respondem que sim.

Retornam para suas casas, mas Priscila não consegue sentir paz em relação aos dois irmãos. Ela é uma intercessora que tem empatia por quem ela ora – que deveria ser uma característica comum a todo intercessor —, o que traz pra si os sentimentos que a pessoa pela qual ela ora está passando.

Délcio, ainda impressionado com as novidades sobre o cérebro, esquece das tentações que lhe aguardam na Universidade. Tudo isso por ter optado por companhias incorretas. Como relatou Jô Soares, em seu programa, o fato de ter recebido um e-mail de uma pessoa que escreveu assim: "Dize-me com quem andas...", e o auditório todo completou a frase: "Que eu te direi quem tu és". Porém, o gordo disse: "Vocês erraram, pois o e-mail diz: "Que eu te respondo se eu vou contigo ou não".

As escolhas de nossas companhias podem nos levar a vitórias e a derrotas. Escolher bem é conquistar vitórias; andar com quem não tem bom procedimento trará certamente muitas dores e até mortes. Nisso, estudos recentes demonstram que se é a média das cinco pessoas com as quais mais convivemos.

Frank está num turbilhão semelhante àquele causado por alguns brinquedos dos grandes parques de diversões. Ele se lembra da passagem do apóstolo Paulo, na sua carta aos Romanos, no capítulo 7, versículo 19: *"Pois o que eu faço não é o bem que eu desejo, mas o mal que eu não quero fazer, esse eu continuo fazendo"*. Porém, a intercessão do seu pastor o livrou de mais um laço do passarinheiro (Salmo 91:3). A graça de Deus o supriu, tornando o fraco em forte.

Frank chora muito, pois não sabe até quando não se entregará aos prazeres da carne, decepcionando a si mesmo, aos seus amigos, ao seu pastor, à igreja e ao Senhor Jesus Cristo.

Priscila fecha a porta do quarto e começa a se lembrar da aula.

— Cadeira? — deita-se com seu urso de pelúcia e começa a conversar com ele.

'Você é um urso de pelúcia? Quem te disse isso? Meu rapaz, você foi enganado todos esses anos, ouvindo histórias e tradições. Porém, eu o convido para fazer uma releitura de tudo o que te foi apresentado até hoje... — ela para a brincadeira, faz cara de introspectiva e começa a falar alto. — Arbitrariedade dos signos e a construção social. Não se deixe enganar por esses tolos...

'Então é esse o plano: desconstruir a verdade, tornando tudo subjetivo e convidando esse homem pós-moderno a solicitar uma releitura de um texto que, na verdade, nunca foi sequer lido por uma parte dessa massa... Que tipo de homem é esse que perambula pelas ruas da cidade, aceitando tudo que o sistema propõe sem questionar ou, mais apavorantemente, dizer que não concorda?

'Como é fácil fazer um tolo sentir-se um sábio. Basta lhe dar esse status falso. O grande carro-chefe desse "tolo-que-pensa-que-é-sábio" é a alienação. Uma pessoa que passa a ecoar o pensamento do Sistema vai, falsamente, se empoderando, acreditando que verbaliza aquilo que sai da sua mente, mas, na verdade, a sua impressora (boca) está conectada ao computador central do sistema dominante, e nada que fala sai da sua própria CPU, mas de uma matriz que dá os ditames do que deve circular como verdadeiro. É um barril vazio que se acha cheio; uma negação da natureza que se acha natural; um brega que se acha chique; é um eco que pensa que é um ser humano.

Mesmo cansada, lê cinco capítulos da Bíblia, pois sabe da necessidade diária do pão da vida – a Palavra de Deus —, entendendo que, assim como o maná – no milagre no deserto — é uma porção para cada dia. A leitura da Bíblia não é alimento para se congelar em um freezer e se esquentar em um micro-ondas, mas para ser consumido fresquinho. Além disso, suas proteínas são para o sustento de um dia.

Orando e louvando ao Senhor, Priscila é tomada pelo sono.

Capítulo 5

O inimigo intensifica o ataque

Diferentemente de Priscila, Frank e Délcio são/estão muito alheios ao mundo sobrenatural. Os dois conseguem se esquivar, indo para as suas salas sem o encontro diário dos três. Priscila os procura, mas sente que eles estão fugindo dela; o Espírito Santo já lhe segredou.

Na segunda-feira, Frank foi salvo pelo convite de Priscila para comerem hambúrgueres e pela intercessão do pastor Rubens; o fascínio pela descoberta do funcionamento do cérebro, juntando-se ao modo agradável com que o professor Paulo Freire conduz a aula mais a participação inteligente e engraçada do colega de aula, Danilo, ajudaram Délcio a se concentrar no conteúdo apresentado, mas a partir de terça-feira começa um ataque que se intensifica até o último dia letivo da semana.

Na sexta, os laços dos passarinheiros estão armados e cheios de guloseimas, as quais estão dispostas pelo caminho, atraindo os desavisados para dentro da arapuca.

Os colegas de Délcio conseguiram mais uns carros, podendo assim levar um contingente maior para a famosa saidinha da sexta. Toda a carga da semana passada foi especialmente aumentada, passando de um xeque para um possível xeque-mate.

As mensagens começam a circular nas redes sociais, trazendo empolgação a todos, inclusive, em especial, a Délcio, que está louco para descortinar esse mundo desconhecido e sedutor. Ele não ouviu direito a lição da Escola Bíblica que tratou do assunto: "Há caminho que ao homem parece direito, mas o fim dele conduz à morte".

Mal assistem à primeira aula e saem todos em direção ao estacionamento da universidade, como uma orquestra regida por um maestro ou a organização normal das formigas em seus deslocamentos.

— A noite hoje promete, camarada — fala Alejandro, dando um leve toque nos ombros de Délcio, cujos sentimentos são um misto de medo e de curiosidade.

Saem todos os carros em direção a um posto, onde está acontecendo uma *rave* — festas realizadas com música eletrônica alta, bebidas, drogas e sexo livre. — Délcio se sente ao mesmo tempo meio que sem jeito e supercontente por estar conhecendo um mundo que só tinha visto pela TV.

A turma vai se animando com o passar do tempo, a ingestão de álcool, o consumo de entorpecentes e a chegada de outros carros, o que torna o ambiente um local onde é impossível de se conversar.

Alejandro manda umas moças tratarem de "batizar" o calouro com uma "viagem" proporcionada pelos entorpecentes. Délcio até pensou em dizer "não", mas não tem mais forças, pois o ambiente é totalmente propício, todos estão fumando e ele quer ser aceito pela turma, o desesperado sentimento de pertencimento.

O pertencimento pesa muito nos dias atuais, logo... Bem diferentemente do jovem Davi, que nunca se importou em ser aceito ou parecer com os outros, e que, por esse não desejo de se uniformizar aos demais, acabou por ser ungido rei de Israel pelo próprio Deus, o jovem mancebo joga a toalha e se vê vencido.

Délcio começa a sentir uma zonzeira na cabeça, o mundo começa a girar e nele sobe avassaladoramente a taxa de adrenalina.

Essa será uma sensação de uma necessidade criada, não das necessidades básicas do homem... A curiosidade traz ao experimento, o experimento leva ao vício; o vício é o fim do prazer prazeroso e o começo do fazer por necessidade.

Sente-se prazer/prazer, prazer/necessidade, necessidade/necessidade.

O uso da droga é sempre um querer/precisar mais, passando de uma quantidade para duas, de duas para três, de três para quatro, de quatro para... Esse é o motivo que leva alguém a uma overdose, pois a necessidade vai crescendo para o infinito, mas o organismo humano é finito.

A infinidade de malefícios das drogas pode ser entendida numa frase de um ex-drogado: "Ela tira tudo de bom que se tem, colocando tudo o que é de detestável e ruim. Além de ser a porta para um labirinto ruim de se encontrar a saída".

A maldade e ganância dos políticos são tão grandes que há uma corrente querendo liberar a maconha, alegando que ela não faz mal. Porém, a maconha traz uma paralisia irreversível do lado esquerdo do cérebro, muda a cor dos lábios, traz amnésia e envelhecimento precoce. Além de poder ser a porta de entrada para o uso de outros tipos de drogas.

Os políticos falam que a maconha é apenas um Uber que leva o homem à suavidade e à paz. Porém, a partir da liberação feita no Uruguai — não se sabe se é coincidência —, teve um aumento considerável na violência e nos assassinatos... Qual será o real interesse desses nossos políticos?

Délcio começa cedo a dançar freneticamente pela primeira vez na vida. Os mais experientes ficam de olho nele para que não venha a cometer algo mais grave.

Passado o primeiro efeito, restam a zonzeira, a dor de cabeça e um sangue que acaba de ganhar mais uma carência, a das drogas correndo pelas veias, as quais antes dessa experiência só precisavam do bombeamento do coração e do oxigênio. É como diz o economista Ramiro Lima: "O homem é um criador de necessidades desnecessárias".

Os mais "responsáveis" do grupo acabam por levar o iniciante são e salvo para sua casa, resultado ainda das intercessões do pastor Rubens e de Priscila.

Eles lavam bem o rosto de Délcio e dão-lhe umas balinhas de menta para disfarçar o hálito, indo em direção à casa do recém-caído no laço do passarinheiro (Salmo 91:3), que é tão fácil para entrar, mas para sair...

O mais forte do laço do passarinheiro que conduz ao mundo das drogas é o sofisma que todos os tolos têm em sua mente: "Eu vou somente experimentar, mas a isso jamais ficarei escravo..."

Frank também passa por um processo semelhante ao que o rei sofre no xadrez. Essa jogada vem do persa, que significa "rei morto" (xáh mát).

As moças o levam ao cinema e depois para um passeio à beira da praia. Assim que chegam lá, Valdete recebe um telefonema do pai, avisando-a que vai buscá-la.

— Não esquente a cabeça, bebê. A gente passa apenas alguns minutos aqui, mas logo, logo eu te deixarei em casa — Vânia tenta deixá-lo sem preocupações.

Os dois começam a passear à beira da praia. O vento leva o cheiro dos cabelos de Vânia às narinas de Frank, o que faz com que entre em desconforto mental. A beleza da jovem, aliada à influência da carência natural de um adolescente, faz com que ela se torne irresistível ao jovem mancebo.

Ela chega bem perto dele, dando-lhe um beijo de mais de cinco minutos. Um casal se detém para observar e cronometra o beijo.

— Você nunca me beijou por tanto tempo assim! — reclama a menina, que observa com o namorado, dando-lhe uma bolsada, ficando mal-humorada e saindo da presença do namorado, o qual fica sem reação por uns instantes.

— Vem aqui, amor! — ele vai atrás dela, tentando reconquistar a garota,

Vânia e Frank ultrapassam todos os sinais vermelhos, mas Frank é salvo por um policial que passa e alerta os dois sobre o perigo de ficarem nesse local num horário tão avançado.

Vânia, mesmo chateada, vai deixar Frank em casa, mas nem consegue esconder sua decepção por terem de sair do aconchego que tanto a faz feliz.

A semana de Priscila é bem diferente da dos seus irmãos em Cristo. Para Priscila, o Evangelho não é um peso, mas um fardo leve e suave.

As reuniões do Mover estão cada vez mais intensas, tanto na alegria dos irmãos em participar do momento de comunhão como nas investidas de Satanás contra a vida desses jovens, que corajosamente resolveram viver na contramão de uma geração desbussolada, obedecendo às orientações/ordens de Atos 2:40: "Fugi dessa geração perversa".

O ruim para os demônios que foram enviados para atingir esse grupo é que os irmãos montaram uma estratégia na qual todos oram por todos. É como se estivessem em um mar onde há um tubarão querendo atingi-los. Porém, todos ficam de mãos dadas, com as armas nas mãos e de frente para o inimigo. Não em círculo, mas fechados e bem próximos. Essa estratégia faz com que todos os arcos lançados contra eles e seus familiares sejam quebrados e todas as flechas despedaçadas, em consonância com o Salmo 46:9.

Eles observam durante as reuniões que sempre há um jovem que fica próximo deles ao ponto de ouvi-los, mas que não se chega ao grupo. Como eles percebem o jovem, deixam que ele "participe" de longe, tendo o cuidado de não afugentá-lo.

Capítulo 6

Ovelhas se afastando cada vez mais do aprisco

Cada um vai ao culto de suas respectivas igrejas. Délcio finge que está com indisposição assim que sabe que o pastor irá chamá-lo para dar o seu testemunho a respeito dos seus primeiros dias no mundo acadêmico. Frank pega o filhinho de dona Flor, alegando que a criança está com muito calor, quando, na verdade, ele não quer ouvir a Palavra de Deus, pois, embora seja pouco conhecedor das Escrituras, ele ainda guarda um temor e um respeito muito grande pelo Eterno...

Priscila dá o testemunho na sua igreja, contando sobre o Mover e como ela está empolgada com a academia e a possibilidade de testemunhar de Cristo em um lugar tão difícil de falar a respeito do sobrenatural. Porém, ela diz ter consciência de que "todos" pecam e carecem da glória de Deus.

O que lhe dá a certeza de que ali — como em qualquer outro lugar, sem exceções — há vários mendigos espirituais, cuja fachada lembra a Igreja de Laodiceia: "Tu pensas que és rico, mas não sabes que és pobre, cego, desgraçado, miserável e nu". Termina seu discurso dizendo que o maior trabalho de evangelismo é mostrar para as pessoas a sua mendicância espiritual, baseando-se em Mateus 5:3, pois, no original, em grego, está: "Bem-aventurados os **mendigos** de espírito, porque dos tais é o Reino dos Céus", o que mostra que uma pessoa só se volta para Jesus Cristo quando entende a sua necessidade desesperada do Pão e da Água da Vida.

Ao sair da igreja, Priscila tenta contatar os dois por todos os meios, mas ambos estão off-line, provavelmente na Caverna de Adulão, local onde não há cobertura de nenhuma operadora de internet.

Ela está meio triste, sentada em um banco e pensativa, não percebendo que se aproxima uma pessoa.

— O que aflige o coração dessa linda intercessora? — irmã Joyce chega, passando a mão nos cabelos da jovem.

— A paz, irmã Joyce. Como a senhora está? – espanta-se Priscila. — E como a senhora pode saber que algo está me preocupando?

— É que o mesmo Espírito que habita em você habita em mim. Além disso, o General nunca deixa um de seus soldados sozinho numa batalha...

— É, irmã Joyce, Deus me surpreende cada vez mais — ela se levanta, anda de um lado para o outro e olha nos olhos da irmã Joyce. — A minha alma está aflita em relação a Frank e Délcio.

— Dê-me um abraço, minha filha — Priscila se derrama em lágrimas nos ombros da velha senhora. — Esse tem sido um peso grande demais pra uma menina como você, por isso Deus me ordenou para levá-lo contigo.

A moça chora bastante, mas depois começa a glorificar o nome de Jesus.

— Obrigada, Senhor, por nunca trazer um peso maior que minhas forças, como tua Palavra diz em I Coríntios 10:13. Muito obrigada, General de guerra — Priscila faz uma oração em alta voz, como se estivesse sozinha.

— Diga-me, minha filha, por que essa preocupação tão grande com os seus dois irmãos que ingressaram na universidade junto com você?

— Sabe, irmã Joyce, eu já fui tanto igual ao Délcio como ao irmão Frank. É como se cada um representasse uma fase na minha vida cristã.

— Explique-se melhor, por favor.

— Eles, na verdade, tipificam a igreja evangélica em geral. Há o "crente Délcio", que são os que vão à igreja como se fossem a um clube social. Este tipo gosta da igreja, do pastor, do louvor, mas nunca a Igreja entrou nele; o pastor não é seu mestre, pois não segue suas orientações e nunca consegue ser um adorador do Senhor Jesus. E, além disso, conhece apenas a capa da Bíblia.

— E como seria o "crente Frank"? – Joyce acha interessante a analogia.

— É como um segundo estágio — no qual a maioria dos cristãos se encontra — na vida cristã. Este tipo conhece um pouco de Bíblia, tem temor e até consegue algumas vezes adorar ao senhor. Porém, muitas vezes é apenas ouvinte das Escrituras, mas não consegue ser praticante, embora admire quem as pratica; o temor ao Senhor sucumbe diante dos prazeres oferecidos pelo mundo; a adoração a Deus fica apenas na cantoria, pois a sua mente vagueia, o que lhe impede de prestar ao Senhor o louvor com os recheios exigidos, e sem os quais não chega ao Trono da Glória: racionalidade. Espiritualidade e verdade.

— Que lindo! — para um pouco e refaz sua frase. — Que triste!
As duas ficam em silêncio por um momento.

— Talvez eu tenha passado por esses dois estágios para poder compreender os meus dois irmãos... Será que eu me importaria tanto com eles caso eu nunca tivesse estado na situação em que eles estão?

— Deve ser por isso que Jesus se fez um de nós.

— Como assim? — questiona Priscila.

— Jesus se fez homem, viveu como homem, morreu como homem, ressuscitou como homem. Após Sua ressurreição, apareceu a mais ou menos quinhentas pessoas, durante quarenta dias. Depois disso, Ele subiu aos céus como homem, estando ao lado direito do Pai como homem glorificado... Glorificação reservada para todos os que nasceram de novo, foram crucificados com Cristo e ressuscitarão com Ele. Agora, nosso Senhor e Salvador está intercedendo por nós.

— Interessante...

— É mais ou menos assim: a gente peca e o diabo vai nos acusar, mas nesse momento chega Jesus e diz ao pai: "Pai, perdoe-lhe mais esse pecado. Eu, que estive na condição de homem lá na Terra, sei o quão difícil é suportar tantas dificuldades... Dê-lhe mais uma chance".

— Que bom pra todos nós... Gostei da explicação, irmã Joyce — começa a enrolar os cabelos pensativamente. — Quer dizer então que, assim como Jesus entende a humanidade pelo fato de ter se feito um de nós, da mesma maneira eu só entendo as dificuldades de Frank e Délcio por ter passado pelas mesmas situações.

— Isso mesmo, minha filha. Veja só: como uma pessoa que nunca fumou, e, além disso, detesta cigarro, poderá compreender alguém que é escravo de um troço de mais ou menos seis centímetros? Acha logo que a pessoa é fraca e que não luta o suficiente para sair desse vício.

— Realmente, irmã Joyce, fica bem mais fácil para um ex-fumante entender um fumante; fica mais fácil para um ex-drogado entender um drogado...

— Isso mesmo, filha. É por esse motivo que as misericórdias de Deus se renovam a cada manhã, pois Jesus foi tentado em todas as áreas de Sua vida, sendo vitorioso sobre todas as tentações, conforme Hebreus 4:15.

— Isso é muito maravilhoso, irmã. Esse amor de Deus é realmente constrangedor... Será que Deus é "viciado" em perdoar? — Priscila pensa um pouco e continua. — Então, eu me coloco no lugar dos meus irmãos por um dia ter estado lá.

— Deus não entende o homem pelo sistema teórico, mas pela prática... Ele é sim, viciado em perdoar. Eu amo a encarnação (*kenósis*), a vida, a morte e a ressurreição de Jesus. E amo mais ainda o fato de Jesus estar ao lado do Pai como homem — já com o corpo glorificado —, e que nós seremos iguais como ele já o é, sendo o Primogênito dos mortos.

— Puxa, irmã, isso me deixa como que se houvesse uma cachoeira dentro de mim; uma alegria indescritível... Estou vivendo o que diz João 7:38: "Quem crer em mim, como diz a Escritura, rios de água viva correrão do seu ventre".

— Dá para se comparar com alguém que pisou num formigueiro, aleijando ou matando algumas formigas e, de uma maneira surpreendente, se faz uma formiga para pedir desculpas pelo incidente e resgatar a que quiser ser resgatada. O diferente é que ele não aleijou nem matou, mas foi rejeitado e morto. Porém, veio para nos dar saúde e vida eterna. Por esse motivo, Priscila, que Jesus é O caminho, A verdade e A vida; pois d'Ele, por Ele e para Ele são todas as coisas, como afirma Romanos 11:36.

— Quero lhe agradecer por essa conversa. É bom saber que não estamos sozinhos nessa grande batalha.

— Vamos orar, irmã Priscila, sabendo que se eles não endurecerem seus corações, Deus certamente agirá. Além do mais, a Palavra de Deus diz em Tiago 5:16, que a nossa oração é poderosa. E não se esqueça: Quando nós achamos que estamos sozinhos, Deus sempre reserva seus sete mil, os quais não se dobraram diante de Baal, conforme narrado em I Reis 19:18.

As duas fazem uma fervorosa oração, abraçam-se e despedem-se, deixando acertada a continuação da oração por esses dois preciosos jovens.

Capítulo 7

Fugindo da luz

Délcio e Frank passam por Priscila.

— Ei, meus irmãos, que bom vê-los — os dois olham para Priscila e se entreolham. — Puxa, eu já estava me preocupando com vocês.

— Não me leve a mal, Priscila, por favor, mas eu estou em cima da hora. Depois a gente conversa, tá bem? — fala Frank desconfiada e educadamente.

— Eu também, Priscila, vou ter que ir indo — Délcio trata de sair, demonstrando bem menos mal-estar e educação.

Priscila fica meio estática diante da atitude dos dois irmãos, mas o Espírito Santo já lhe soprara nos ouvidos que eles fugiriam dela, pois a sua luz iria incomodar enquanto eles estivessem nas trevas. A realidade é que os desviados não se sentem muito à vontade diante daquele que está perseverando no Senhor, lutando com todas as armas empunhadas e erguidas (Efésios 6). E toda vez que o crente estaciona para descansar, esquece-se que o nosso adversário nunca descansa, pois não cansa pelo fato de não ter carne e osso como nós.

O maior ódio de Satã em relação ao homem é o fato de ele ter todos os seus cinco sentidos lutando para desviá-lo de Deus, ter todo um sistema que é dominado por ele, e ele luta apenas com 3% de um adversário – que é o que restou para o homem após o pecado, tendo 97% do seu DNA se tornado inerte e inoperante —, e, mesmo assim, existir um grande número de pessoas que servem e seguem a Jesus Cristo mesmo num ambiente inóspito espiritualmente. São os vencedores citados em Apocalipse 12:10-11.

A queda de Adão e Eva pôde ser esclarecida quando foi encontrada pela Ciência uma sequência de DNA, a qual foi chamada de "DNA lixo". Essa nomenclatura se dá pelo fato de 97% do DNA do homem estar nele, mas de forma inativa. Ou seja, as pessoas só têm, do homem original, 3%. Esse percentual implica força física, inteligência e todas as áreas de sua vida.

Essa descoberta da Ciência faz Satã ficar com mais raiva ainda, pois ele perde não para a criação da imagem e semelhança de Deus, mas apenas para os 3% que restaram para os seres humanos. E mesmo com tão pouca força, tentam seguir o Senhor Jesus. Humanos que são verdadeiros heróis e que receberão a recompensa de toda a sua luta quando chegarem a um local onde não há dor, pranto nem morte, conforme Apocalipse 21:4.

No primeiro Adão há as maldições da perda dos 97% e da intimidade com Deus; no segundo Adão (Jesus Cristo) há a reconquista dos 97% — o que traz o homem de volta à sua situação de imortal e imorrível, status que lhe fará apto para a Vida ou Morte eternas — e o retorno da amizade com Deus por meio da pessoa bendita de Jesus Cristo, conforme II Coríntios 5:19.

Matematicamente falando, servir a Jesus Cristo é um investimento de 3,333%... Ainda faltando um *poucochinho* para completar.

Priscila vai para a sua turma meio triste, mas não cessa de interceder, pedindo a Deus que tenha misericórdia de seus amigos, que se encontram — como muitas vezes ela mesma se encontrou — sem forças para lutar contra os clamores da carne e as ofertas dos manjares que o mundo — o qual jaz no maligno, de acordo com I João 5:19 — apresenta em bandejas reluzentes.

Embora todo o clima esteja pesado, ela se liga nas aulas, observando como são pregadas coisas tão fúteis e outras que ela conhece muito bem, com a diferença de que aquilo cuja paternidade dão a determinado filósofo, são, na verdade, e pelo critério da antiguidade, textos extraídos da Bíblia. Ela resolve não se pronunciar, pois está meio debilitada pela batalha espiritual que está travando em prol de seus dois irmãos que estão débeis na fé.

Durante a reunião do Mover, ela pede oração por seus dois amigos.

Capítulo 8

Um caixão numa sala de aula

Priscila continua preocupada com Délcio e Frank, mas escuta uma música que faz com que seu coração retorne à normalidade, cuja letra de um louvor antigo diz: "É meu, somente meu todo o trabalho, e o teu trabalho é descansar em mim".

Ela percebe que está com os olhos tão norteados para os dois amigos/irmãos que acaba esquecendo que o seu papel é o de falar e/ou interceder. Porém, ajustando sua bússola, lembra-se de que preocupação não resolve coisa alguma. Além disso, ela leu no livro *Eu odeio "uniforme"*, um capítulo com o tema: "Ansiedade é coisa de bruxo". E ela não quer ter qualquer associação com o reino do seu inimigo, Satã.

Conforme anunciada no dia anterior, a aula de hoje é sobre a lógica.

Ao entrar na sala, acha bem estranha a pouca iluminação. E para aumentar o clima sinistro, ela se depara com um caixão dentro da sala de aula, e vários jovens vestidos de preto e de óculos escuros...

Dentro do caixão há uma boneca e, ao seu lado, umas pessoas chorando, semelhantemente às carpideiras.

O professor entra na sala.

— Mas o que significa tudo isso? Por favor, alguém acenda todas as luzes — fala o professor Celso Pereira.

— O senhor não vê que se trata de um velório? Tenha pelo menos respeito aos mortos — responde Thiago de uma maneira penosamente teatral.

— Eu vim dar a minha aula e preciso deste espaço neste momento. Deixem para ensaiar teatro após o meu horário.

— Ora, ora se não é o velório daquilo que o senhor pretende ministrar nesta sala, professor? — novamente Thiago responde como se estivesse em um teatro.

— O que você está querendo dizer, meu rapaz? — Celso tenta manter a calma.

— O senhor não vê a desgraça que se abateu sobre o planeta Terra? — ele se aproxima do caixão e começa a chorar; todos os que estão vestidos de preto e de óculos escuros começam a chorar de forma sincronizada e desesperada.

Priscila assiste a tudo, mas não está entendendo do que se trata.

— Parem com todo esse barulho! Vocês parecem uns loucos! — o professor já não fala mais amistosamente, mas o seu semblante é de quem não está gostando nada daquilo que lhe parece apenas uma brincadeira de moleques.

— O senhor não percebe, meu caro professor? – Thiago se aproxima, enxugando as lágrimas.

— Do que você está falando, meu rapaz? — fala, rangendo um pouco os dentes e respirando profundamente, tentando se controlar.

— Da defunta!

— Que defunta? Deixe de brincadeira, meu jovem, pois o meu horário não é tanto tempo que me permita perder tempo — o professor fala de uma maneira mais calma.

— O senhor não percebeu que a sua aula já está em andamento? – Thiago se aproxima e põe a mão no ombro do professor.

— Como assim "em andamento?" — pergunta o atordoado professor.

— A sua matéria não é Lógica?

— Exatamente.

— Pois é, professor, a Lógica está sendo velada – assim como nesta sala de aula — no salão principal da Pós-Modernidade — Thiago fala com autoridade sobre o assunto.

O professor se assenta, começa a reparar com outros olhos o cenário armado e passa da indignação à admiração a toda a encenação feita.

— Qual o seu nome, meu jovem? — sente-se tranquilo e se direciona a Thiago.

— Thiago Rodrigues, ao seu dispor — inclina-se, tirando o chapéu que está usando, demonstrando respeito à autoridade que o professor representa.

— Thiago Rodrigues? — passa a mão sobre o queixo e indaga. — Você tem alguma outra formação acadêmica?

— Comunicólogo, senhor.

— Jornalista, então?

— Isso mesmo.

— Já que o senhor "começou" a minha aula, por favor, explique-nos o porquê de todo esse cenário.

— O senhor me daria essa honra?

— A aula está em suas mãos.

— Obrigado, Senhor — Thiago coloca seu chapéu de volta e começa a andar de um lado para o outro, depois se aproxima do caixão.

— Senhores e senhoras deste curso de Filosofia, temos a honra de contar com a presença do professor Celso Pereira para ministrar sobre a disciplina Lógica.

As pessoas — inclusive o professor — se impressionam com a desenvoltura e a oratória do rapaz, que aparenta ter mais ou menos uns 25 anos.

— Porém, tenho uma notícia muito triste a lhes dar, a qual é a responsável por todos esses clamores desesperados que os senhores assistiram — faz uma pequena pausa. – A Lógica morreu!

— Senhor Thiago — o professor entra no clima, agindo como se também estivesse atuando em uma peça de teatro. —, como o senhor chegou a essa conclusão?

— Estimado professor, a chegada da Pós-Modernidade tem data imprecisa, mas alguns defendem que foi um dia de quarta-feira à noite, em um programa *reality show*, nos Estados Unidos, quando uma mulher, em rede nacional, disse que há muito tempo não tinha orgasmo sexual com o seu marido. Ou seja, aquilo que deveria estar sendo conversado em um divã ou confessionário, passou a ser de preocupação nacional... Mas, deixando esses detalhes de lado, a razão, codinome mais usual para Lógica, foi jogada em um caixão, empurrada num túmulo, mas o sepultamento não foi completado pelo fato de alguns – pouquíssimos – solicitarem a anulação do atestado de óbito.

— Quero lhe parabenizar pela maneira como o senhor fala, seu Thiago.

— É uma honra ouvir um elogio seu, senhor.

— Diga-nos: quem quer enterrar a Lógica? Como o senhor depreendeu essa situação? Quem são os que estão lutando para que ela não seja enterrada e jogada no mundo dos mortos, onde só há silêncio e esquecimento?

— Um homem se mostra sábio mais por suas perguntas que por suas respostas. E o senhor mostrou que é tão bom respondedor como inquiridor. Vamos começar pela ordem de perguntas apresentadas.

Thiago novamente se aproxima do caixão, tirando o chapéu em sinal de respeito à defunta, e continua "sua" aula de lá mesmo.

— O homem pós-moderno se embriagou com a Emoção, enamorando-se de uma forma violenta e louca de sua nova amante. A sua velha companheira de tantos séculos já não lhe traz apetência. Os perfumes fortes e o som alto das festas que ele frequenta com essa ninfeta-rainha fazem com que ele aceite tudo que lhe é proposto, pois sua sedução é irresistível e, mesmo que ele não entenda o seu desejo, está pronto a atender a cada capricho dela.

— E como poderíamos ter um exemplo dessa embriaguez causada pela ninfeta-rainha, a emoção? — pergunta o professor.

— O homem sempre teve sua força na Lógica/razão, mas o sistema imitou os filisteus, que maquinaram para descobrir que a força de Sansão estava em seus longos cabelos: A "Dalila", de hoje, descobriu que os cabelos de Sansão podem ser cortados, nos salões do entretenimento, relativismo e estética, tirando-lhe a força do raciocínio e seu lado intelectual.

'A Dalila de hoje percebeu que o corte tinha que ser um pouco abaixo do couro cabeludo, exatamente no cérebro; uma espécie de lobotomia — que era a maneira com a qual se tratavam os esquizofrênicos nos séculos passados. Com essa descoberta, a emoção deu um golpe de estado mental, assumindo o governo na mente de pessoas que se acham brilhantes ao repetirem o que o sistema controlador proclama.

'Essa menina vadia, chamada emoção, apoderou-se do trono da Humanidade de uma forma sorrateira; trono esse onde reinava, soberanamente, a razão — fator responsável pela superioridade dos homens *sapiens* sobre os animais, os quais são criaturas desprovidas do raciocínio e da capacidade de multiformizar processos.

'Essa guria inconstante chegou solicitando logo uma releitura de tudo, negando-se a respeitar qualquer regra existente, dizendo que o progresso dependia de uma nova visão sobre as coisas; desprezando a tradição e tramando, de imediato, a morte da sua rival, a Lógica, a quem velamos nesta sala... Um forte exemplo de *zeitgeist*, que em alemão quer dizer 'o espírito do tempo', quando há uma revolta extrema sobre o que reina no momento, trazendo um novo comando, o qual é totalmente avesso ao antigo.

'O problema maior foi que quase todos os homens se apaixonaram por seu discurso — que em muito se assemelha aos dos pré-socráticos, os quais desprezavam a moral, a ética e a verdade, mas embalados com papéis de seda e cetim, tanto as pessoas que têm um alto grau de estudo como os analfabetos...

— E como é possível que o mesmo discurso seduza a públicos tão distintos? — Celso está feliz com o nível da "sua" aula.

— Os estudados viram-se na obrigação de aceitar o novo discurso, pois, caso contrário, poderiam ser vistos como retrógrados – até lembra a história da roupa invisível do rei; já os indoutos, estes aceitaram para evitar que a sua ignorância pudesse ser exposta nos *outdoors* da sociedade pensante.

'os que sequer tiveram acesso ao texto original. Ou seja, pessoas exigem uma releitura de um texto que sequer foi lido uma única vez... O que é bem típico de rebeldes sem causa. Essa atitude deixa homens racionais muito indignados.

'Na prática, assim como Eco foi amaldiçoada na Mitologia Grega... – nisso, Priscila o interrompe.

— Como assim "Eco foi amaldiçoada"? Eco não é uma palavra masculina? — indaga Priscilla

— Eco é um dos muitos mitos gregos, mais ou menos assim, minha jovem: havia no Olimpo um deus chamado Zeus, que gostava muito das mulheres terráqueas, não perdendo uma oportunidade de vir à Terra para ter suas aventuras amorosas. Ele pedia para que Eco — uma habitante do Olimpo, cuja oratória fascinava a qualquer um que a ouvisse — usasse de suas habilidades na arte de falar para distrair a Hera, esposa do deus adúltero. Então, toda vez que ele queria "pular a cerca", pedia pra Eco caprichar no discurso. Porém, um dia a casa caiu. A deusa Hera descobriu o conchavo dos dois, amaldiçoando Eco, dizendo que ela nunca mais teria voz própria... — o professor o interrompe.

— Desculpe-me, Thiago, pois a sua aula está muito interessante, mas o nosso tempo está acabando.

— Termino em dois minutos, pode ser, meu caro professor?

— Ok, continue — ele olha para o seu relógio.

— Desgostosa por ter perdido a voz própria, Eco foi embora e se escondeu em uma floresta. Lá, encontra Narciso — um cara que se achava "o cara". — Ele dizia um autoelogio e Eco repetia, o que fazia muito bem para o seu ego. Por exemplo, ele dizia: "Narciso é o homem mais lindo do mundo", e Eco, que não tinha mais voz própria, repetia a frase.

'Cansada e entediada, Eco saiu da presença de Narciso e foi para bem longe, onde chorou por milhares de anos até virar uma grande montanha. Nisso, Narciso teve sede e foi ao rio. Lá, ele viu a sua imagem refletida no rio (que lhe era proibido por maldição), acabou por se apaixonar por si mesmo ao ponto de morrer afogado.

'Assim, explicavam com o mito que o eco existente nas montanhas era resultado da maldição da deusa Hera, e que o orvalho que cai dentro dessas grandes pedras são as lágrimas de tristeza de Eco por ter sido amaldiçoada...

— Muito bem, meu rapaz. Na próxima aula você continuará a nos explicar o porquê de estar noticiando a morte da razão. Mas qual seria a moral da história?

— Duas, na verdade. A primeira é o fato de as pessoas se ensimesmarem, tornando-se egoístas e autossuficientes (idiotas, em grego), achando-se como se fossem o próprio sol, o centro do universo; uma pessoa que se basta e não necessita de outros, que é uma mentira totalmente desfeita pelos fatos e pelo tempo. Pelos fatos, porque o ser humano é um animal incapaz de sobreviver sozinho, precisando de cuidados assim que nasce, diferentemente de outros animais que, assim que nascem, já vão se virando. A segunda, a da Eco — olha para Priscila com um sorriso sarcástico —, é que uma pessoa que apenas repete o que ouve, seja pelas redes sociais, livros, revistas ou televisão, não pode ser definida como um humano, mas apenas como um eco do sistema, sem voz própria.

— Mandou bem, garoto. Você continua na próxima aula.

Alguns ficam muito impressionados com a aula, enquanto outros têm ativada em si a tristeza que envolve outra subclasse de pessoas, a inveja, geralmente encontrada em incompetentes.

O horário bate. Priscila e Thiago se olham por um instante, mas cada um sai para o seu caminho habitual.

Capítulo 9

Dois caixões à espera de dois defuntos espirituais

As situações tanto de Frank quanto de Délcio estão em declínio. Além dos tipos de companhias alertadas no Salmo 1, para que não andemos com elas, os conteúdos vistos na faculdade começam a pôr em xeque a fé média de Frank e a quase inexistente de Délcio.

Esses baixos níveis se dão por causa da incapacidade de Délcio de ouvir e a dificuldade de concentração de Frank para aprender a Palavra. A fé vem pelo ouvir, e ouvir a Palavra de Deus, conforme Romanos 10:17. A fé apenas pela fé é o mesmo que alguém amar o amor, mas esse amor não ser dirigido a alguém, como fala o livro *O debate entre e Sócrates e Jesus*. No mesmo galope, temos a cantora Cássia Eller, que se entrega ao dizer, em uma de suas músicas: "Eu sou poeta e não aprendi a amar".

Na sala da aula, Frank ouve o entusiasmado professor que explica — tentando convencer. — a Teoria da Evolução, como se fosse a Lei da Evolução.

— A Teoria da Evolução tem sido provada pelos mais renomados cientistas — afirma o professor com convicção.

— O senhor não estaria querendo dizer "tentado provar"? — diz Frank.

É estranho o fato de alguns cristãos que têm um pouco de fundamento bíblico e bom ou médio capital cultural, quando se encontram desviados, terem muito mais coragem para "defender" o Evangelho do que quando estão firmes na fé. Como Frank está fora da Via, sente uma "obrigação" de defender a verdade, estando totalmente destemido. Ora, se um homem perde o temor pelo Senhor, o que lhe poderá causar medo? Nisso, corrobora o depoimento de um delegado de polícia que disse: "Não há pior bandido que ex-crente".

— Não, meu rapaz, eu falo de provas contundentes, as quais não deixam dúvidas.

— Mas, professor, ciência não é exatamente aquilo que aceita a contradição e o questionamento? Como o senhor fala parece mais fé que ciência.

— Ciência foi muito bem definida por você. Agora, quanto à fé, eu não acredito na existência de Deus. Aliás, essa crença é para as pessoas de mentes débeis.

— Exatamente assim que Einstein pensava antes de seu experimento... — o professor o interrompe.

— Pensava? Como assim? — assusta-se o professor.

— Einstein tinha um desejo enorme de provar que o Universo tinha autoexistência e, consequentemente, que Deus não existia. Porém, para a sua grande surpresa, ao fazer os seus cálculos, deparou-se com um momento no tempo em que para trás não havia tempo, espaço nem qualquer elemento. Ou seja, houve um início de tudo.

— Muito bem, meu rapaz, é exatamente o Big Bang.

— Professor, mas quem teria detonado a explosão? Nesse pequeno/grande detalhe George Lamaître não pensou. Além do mais, se a gente colocar um projeto de uma casa, uma quantidade enorme de ferro, areia, cimento, brita, madeira, telha e tinta, pondo tudo isso sobre uma grande quantidade de dinamites, será que após explodirmos surgirá uma casa tal e qual o projeto? Isso iria nos economizar muito nas construções e desempregar todos aqueles que trabalham na construção civil... Afinal, para uma explosão criar algo tão perfeito como é o Universo e tudo que o envolve, essa explosão teria que ser dotada de uma inteligência de deixar qualquer um de boca aberta.

A turma inteira cai na gargalhada; o professor tentar encontrar respostas para a explosão de perguntas, mas essa explosão não criou nada em sua mente, pelo contrário, lhe trouxe um emaranhado para os seus neurônios.

— Qual é o seu nome? — pergunta o professor.

— Frank, senhor.

— Você pertence a alguma religião?

— Não consigo ver o que a sua pergunta — sem querer faltar-lhe com respeito —, senhor, tem que ver com meus questionamentos. Ou será que o senhor já se deixou envolver pelo secularismo pós-moderno, que não aceita a lei da não contradição ou o terceiro excluído?

— Você não respondeu a minha pergunta — insiste o mestre.

— Mas o senhor já respondeu a minha... Eu sei qual é a sua religião.

— Minha religião? Eu não tenho religião.

— O senhor é cienciólatra.

— O que seria isso, rapaz? — ele nunca ouviu esse termo.

— São os adoradores da Ciência. Na verdade, professor, o homem, querendo ou não, sempre adora alguma coisa, pois, embora o homem fuja, sempre crê naquilo que quer crer. Como disse João Calvino: "A mente do homem é como um depósito de idolatria e superstição, de modo que, se o homem confiar em sua própria mente, é certo que ele abandonará a Deus e inventará um ídolo, segundo sua própria razão".

— Eu estou lhe dizendo que não tenho religião — fala já com tom alterado.

— A Ciência é sua religião. Como o senhor pode acreditar num segmento que diz que um fóssil foi encontrado e tem entre dez mil e sete milhões de anos? Veja só: entre dez mil e sete milhões há uma diferença enorme... Se entre a sua idade e a minha já dá pra notar a diferença — e a nossa diferença não é tão grande assim —, imagina uma ciência do chutômetro. Com essa metodologia, qualquer aluno teria que receber um 10 em qualquer prova que fizesse de matemática e matérias afins.

'Há um documentário sobre a busca das evidências da Teoria da Evolução, na Universidade de Harvard, no qual se chegou a um número inacreditável de provas.

— Quantas? — um colega pergunta.

— Zero! Não há uma prova sequer da Teoria da Evolução. O próprio Darwin diz, em um de seus livros, que tudo que existe na Terra nasceu por um sopro de vida, não de um autodesejo. Inclusive, para se desejar é necessário se ter uma mente, pois o desejo, emoções e sentimentos fazem parte do cérebro.

— Nenhuma prova, caramba!

— O que prega a Teoria da Evolução é a abiogênese... "A", que é o prefixo de negação, mais a palavra "bio", que quer dizer vida e "gênesis", que significa início... Para a nossa surpresa, a ciência – que é a religião de alguns – prega que a vida não veio da vida, mas da sepultura...

A turma cai na gargalhada. O professor fica pedindo silêncio, mas sem muito sucesso, até que o ambiente volta à normalidade.

— Você disparou uma série de perguntas... Deixa ver se me lembro de algumas — o professor se levanta e começa a andar. — Uma coisa para ser aceita como ciência tem que aceitar questionamentos e a lei da não contradição... Acho que você tem razão quando diz que hoje teorias são colocadas arbitrariamente como leis... — a mente do mestre tá toda anuviada. — Senhores e senhoras, por hoje nós ficamos por aqui. Na próxima aula traremos a debate as boas questões trazidas pelo Frank.

O professor sai da turma sob olhares arregalados e bocas fechadas.

Vânia se aproxima de Frank e lhe dá um beijo na boca por uns dois minutos. Ele consegue se desvencilhar da moça, mas a turma toda já tá aplaudindo e fazendo a maior algazarra.

— Desculpe-me, Frank, mas você estava irresistível, falando daquela maneira.

— Tudo bem, Vânia — fala, limpando a boca do batom vermelho da garota. — Eu preciso ir agora, pois essa conversa toda não deixou apenas o professor tonto.

Ele sai da sala indo diretamente ao banheiro. Molha o rosto, olha-se no espelho.

— O que é que há, meu camarada? — olha-se fixamente, falando consigo mesmo em um monólogo dolorido, atividade alcunhada de solilóquio. — Por que, meu Deus, que eu acredito na tua palavra, mas não consigo te seguir, dando sempre preferência aos desejos da minha carne?

'Eu sei que tenho que "esmurrar minha própria carne", mas ao mesmo tempo que eu falo do Senhor com muito amor e paixão, a minha carne tem uma paixão falando mais alto... — soca a parede. — Por que sou tão fraco? — ele começa a chorar dentro do banheiro, mas enxuga suas lágrimas para não dar na vista.

O problema do Frank é o mesmo de muitos crentes: o desconhecimento do que a Bíblia ensina a respeito das coisas e dos acontecimentos.

Mesmo com o alerta de Oseias 4:6 *"O meu povo é destruído porque lhe falta conhecimento"*, Frank nunca investiu muito tempo na leitura da Bíblia, e ainda ficava disperso durante as reuniões de ensino e pregação da Palavra.

Se ele fosse um leitor da Bíblia, veria que o apóstolo Paulo também passou pela mesma luta interior pela qual ele está passando, apegando-se à graça de Deus depois de dizer em Romanos 7:18-24: *"Eu sei que em mim, isto é, na minha carne, não habita bem algum. Com efeito o querer está em mim, mas não consigo realizar o bem. Pois não faço o bem que eu quero, mas o mal que não quero, esse faço. Ora, se faço o que não quero, já não o faço eu, mas o pecado que habita em mim, Acho então essa Lei em mim, que, quando quero fazer o bem, o mal está comigo. Pois segundo o homem interior, tenho prazer na Lei de Deus, mas vejo nos meus membros outra Lei que batalha contra a Lei do meu entendimento e me prende debaixo da Lei do pecado que está nos meus membros. Miserável homem que eu sou! Quem me livrará do corpo desta morte?"*

Porém, para o auxílio e esperança de todos que passam por essa luta interior, o apóstolo Paulo não para no versículo 24, mas nos traz de volta a esperança no versículo 25: *"Dou graças a Deus por Jesus Cristo, nosso Senhor. De sorte que, com o entendimento sirvo à Lei de Deus, mas, com a carne, à Lei do pecado."*

Essa luta é inevitável, mas a graça de Deus ajudará a todos aqueles que são sabedores de que quando são fracos é que se tornam fortes (2 Coríntios 12:10).

Infelizmente o desconhecimento por parte de Frank deve levá-lo a nocaute, pois, somente com a prerrogativa de Sócrates, "Conhece-te a ti mesmo", Frank poderia correr atrás de ajuda, mas, antes de pedir perdão a Deus ou à sua igreja, ele deveria se pedir e se dar o perdão. Perdoar-se é a parte mais difícil do processo de restauração.

Lava o rosto, sai do banheiro levando consigo mais uma tonelada de dúvidas, todas elas sem respostas...

Délcio, que está atraído pelo conhecimento do funcionamento do cérebro, deixa-se ser mais seduzido pelo novo mundo que foi desvendado para ele: bebidas, drogas, música alta e garotas... Délcio quase não consegue prestar atenção nas aulas, passando a ficar apenas na espera do próximo programa, o que não custa a acontecer.

Um dos professores é seduzido por uma garota jovem, que está combinada com os outros para irem curtir uma balada em vez de irem para a rigidez da sala de aula.

O professor aceita o convite da garota, pois a juventude da moça contrasta com a rudez e a não mais juventude de sua esposa. Ele é um dos muitos homens que não conhecem a repreensão de Deus em Provérbios

5:15-16: *"Beba das águas da sua cisterna, das águas que brotam do seu próprio poço. Por que deixar que as suas fontes transbordem pelas ruas, e os seus ribeiros pelas praças? Que elas sejam exclusivamente suas, nunca repartidas com estranhos. Seja bendita a sua fonte! Alegre-se com a esposa da sua juventude. Gazela amorosa, corça graciosa; que os seios de sua esposa sempre o fartem de prazer"* (Bíblia NVI).

Todos saem em direção a um local, o qual foi preparado antecipadamente, pois para esse tipo de atividade nunca faltam disposição, tempo e dinheiro... O cio vence o cansaço, como diz Djavan, na sua música "Faltando um Pedaço".

Délcio cede a tudo o que lhe é oferecido, acabando por perder a inocência em todas as áreas de sua vida. O fruto do conhecimento apenas do mal...

Os caixões já estão cheios de flores e com umas coroas esperando para o fechamento do paletó de madeira; é uma festa com fundo de velório, e já foram contratadas até as carpideiras...

Capítulo 10

Um estranho surpreendido

Alheia a tudo o que está acontecendo com os dois amigos/irmãos — os quais estão a caminho do cemitério espiritual —, Priscila se reúne mais uma vez com o grupo Mover. A busca pela preciosa presença do Senhor é tão intensa que o grupo todo cai de joelhos em um clamor pela faculdade, pedindo a Deus que lhes dê estratégias de evangelização.

Ao pararem o clamor, Priscila vê novamente a figura de alguém que lhes assiste de longe. Ela consegue ver pela silhueta que se trata de um rapaz que é muito parecido com o colega da aula anterior. Ela dá um jeito de parecer que vai ao banheiro para tentar descobrir quem é o "intruso".

Thiago está tão pensativo que não consegue perceber a aproximação da moça.

— Então é você? — fala Priscila bem próxima dele.

— Sou eu o quê? — ele se faz de desentendido.

— Quem sempre fica por perto, mas não se chega às nossas reuniões.

— Eu...

— Por favor, não tente me enganar.

— É... — desiste do disfarce. — Está bem. Eu sempre tento ouvir o que vocês falam.

— Mas por quê?

— Para saber se vocês não são tão alienados como os demais.

— Que demais? De quem você está falando?

— Dos crentes que não leem nada além da Bíblia — isso quando leem —, ficando bitolados dentro de sua congregaçãozinha. Líderes preocupados unicamente com o seu CNPJ, esquecendo-se do que o dono da Igreja diz em Mateus 6:33: *"Busquem, pois, em primeiro lugar o Reino de Deus e a Sua justiça, e todas essas coisas lhes serão acrescentadas"* — desabafa Thiago.

— Você fala como alguém que um dia foi magoado por alguns irmãos em Cristo. Só tenha cuidado para não ofender os que te ofenderam, pois assim te igualarás a eles... Outra coisa, "congregaçãozinha" não é um termo aplicado à casa de Deus. Inclusive, esse é o mal de muitos que foram decepcionados pela igreja local, mas cuja vingança abrangeu todas as igrejas e até Deus — adverte severamente Priscila.

— Você tem razão, Priscila. Peço perdão a você e a Deus por ter falado dessa maneira... Na verdade, eu nem sei se eles eram meus irmãos... A não ser no modelo Caim e Abel.

Nisso, chegam os demais que perceberam a saída de Priscila.

— Gente, este é Thiago Rodrigues — fala Priscila com um sorriso meio amarelo.

— Prazer, Thiago — fala Judy. — Mas por que você não se junta a nós? Peraí... Você é a pessoa que sempre observamos que está nos observando?

— Acho que fui descoberto... — baixa a cabeça Thiago.

— Não precisa ficar com vergonha, Thiago. Seja bem-vindo.

— É que eu criei umas reservas a respeito de reuniões de crentes.

— E por quê?

— É que o fato de eu ser racional (Deus fez os homens à imagem e semelhança d'Ele) fez com que crentes da minha igreja acabassem me achando um perigo... Eu só queria mostrar que as palavras contidas na Bíblia têm correspondências em outras matérias... Interdisciplinaridade. Por esse motivo que prefiro, ao termo espiritual — que parece tão fora do alcance —, usar o termo sobrenatural, pois tem uma ligação com o natural, sendo extremamente maior, mas tem nem que seja 1% ligado à vida humana.

— Bem-vindo ao clube — Judy lhe oferece a mão para cumprimentá-lo. — Eu também sofri a mesma perseguição.

— Sério?!

— Os meus pastores também me viam como uma ameaça, até que eles conseguiram me tirar todos os cargos — pois eu sempre fui muito ativo no Reino de Deus — e também o microfone de minhas mãos.

— Quer dizer que não sou o único?

— Pode ter certeza que não — falaram em uníssono.

Há um silêncio entre eles, mas depois falam todos juntos.

— Bem-vindo ao clube!

— Venha se juntar a nós. O tempo tá acabando, mas ainda dá pra orar por você.

Eles retornam ao lugar onde estavam por ser um ambiente mais reservado.

Judy aproveita o pouco tempo e faz uma oração.

— Senhor, o Senhor é lindo e perfeito, mas a tua igreja é feita por pessoas imperfeitas, inclusive por nós... E algumas pessoas têm a capacidade de magoar de forma culposa e/ou dolosa a alguns de teus filhos. Eu não sei o que aconteceu com Thiago, mas quero que o Espírito Santo venha convencê-lo de que ele acaba de encontrar uma família onde menos esperava. Peço-te, por último, que nós sejamos bênçãos na vida do Thiago e que ele seja benção em nossas vidas. Amém.

Todos abraçam Thiago, e ele se sente bem como há muito não se sentia.

— Thiago, depois eu queria bater um particular contigo, falou? — fala Judy.

— Beleza.

Todos voltam para as suas salas de aula.

Capítulo 11

Um inesperado frio no estômago

Priscila sente um frio estranho por dentro. Ela acha que seja febre, infecção intestinal ou qualquer outra doença.

Não consegue jantar e pede aos pais para se recolher, pois não se sente muito bem. Tenta dormir, mas algo mais forte que o sono lhe tira o seu habitual companheiro de todas as noites, pois tem muita facilidade para dormir. Porém, algo a está inquietando, mas não consegue discernir o que se passa. Ora em línguas, solicita que o Espírito Santo interceda por suas aflições, e nada...

Levanta-se, toma água e estranha essa insônia, coisa que lhe é rara.

— O que há com você, Priscila? — ela se dá um pequeno tapa na própria cara. — Por que estás abatida, ó minha alma? Por que te perturbas dentro de mim? – ela cita o Salmo 42:11 e tenta se acalmar.

A jovem tem toda a sua vida bem definida em sua mente: terminar a sua faculdade e entrar em uma agência missionária, viajando para lugares direcionados por Deus e usar toda a instrumentalidade adquirida em todos esses anos de estudo, mas...

Começa a investigar em sua mente o possível motivo de tal aflição. Repentinamente, lhe vem a lembrança de um moço vestido de preto e óculos escuros, depois vem outra imagem... A de alguém que observa as reuniões do Mover e, por último, o Thiago abrindo o seu coração em relação ao desprezo que sofreu pela direção da igreja na qual ele se congregava.

Ao se lembrar do rapaz, ela dá uma gostosa gargalhada, sente vontade de cantar — o que não é exatamente o seu ponto forte. — e até de voar.

A inquietação e a curiosidade só aumentam as batidas de seu coração virgem.

A mãe, dona Beatriz, também vai à cozinha beber água e dá de cara com a filha com os olhos bem arregalados, olhando para o vazio.

— Que susto! O que você faz aqui uma hora dessas, minha filha?

— Fui eu quem se assustou! — respira fundo. — Não sei, mãe. Só não consigo dormir...

— Mas o que aconteceu?

— Sinto um frio na barriga, ao mesmo tempo um suor no corpo... Já tentei dormir, mas algo teima em não querer me deixar dormir.

— E qual é o nome do rapaz? — pergunta a mãe, examinando-a com o olhar fixo.

— Do que a senhora está falando, mãe? Que rapaz?

— Sente-se aqui, minha filha — pega na mão da filha, fazendo-a sentar-se.

— Mãe, a senhora não está falando coisa com coisa.

— Toma este copo de leite gelado, pois eu quero te contar uma história.

— A senhora quer me contar uma história de ninar? Não acha que eu estou grandinha demais para isso? E, se for contar, não seria melhor que seja na minha cama, pois assim eu dormiria enquanto a senhora me conta?

— Não é nada disso, minha filha.

— Então, o que é, mamãe?

— É que muitos e muitos anos atrás... — Priscila a interrompe.

— A senhora não acha que estou grandinha para ser adormecida com fábulas?

— O começo é apenas para soar bonito... Pois bem, há alguns anos eu passei pelo mesmo que você está passando hoje... — surpresa, Priscilla a interrompe de novo.

— O que a senhora quer dizer com "passei pelo mesmo que você está passando hoje", se nem eu mesma sei a causa dessa minha insônia?

— Essa insônia se chama paixão ou amor.

— Paixão? Amor?! — a jovem fica atordoada.

— Quando eu conheci o seu pai, passei pela mesma experiência. No dia em que eu o conheci, ao chegar a minha casa até cantei no banheiro... Minha irmã achou o fato estranho, por nunca me ter visto cantando antes.

— Deve ter achado mesmo, pois a sua voz não é muito boa pra isso não — Priscila falou bem baixinho, mas ela não tem a consciência de que recebeu essa herança, sendo tão desafinada quanto a sua mãe.

— O que você disse?

— Nada não, mãe; nada não... Continue a sua história de ninar.

— Pois bem — senta-se confortavelmente. — No dia em que conheci teu pai, o sono me abandonou às vigílias de várias noites. Eu tentei dormir, tomei água várias vezes, mas nada do danado do sono chegar. Por isso que estou lhe perguntando qual o nome do rapaz responsável pelo roubo do seu sono.

— Deixe-me entender o que a senhora está querendo dizer... Eu estou com insônia e a causa disso é ter conhecido um rapaz?

— E ter se apaixonado por ele.

— Isso é um absurdo! — ela se levanta abruptamente.

— Pense um pouco na sua rotina e veja se houve algum acontecimento fora do normal nesses últimos dias.

— Não! A não ser...

— A não ser?

— É que hoje descobrimos quem era a pessoa que ficava observando as reuniões do nosso grupo de evangelismo do Mover.

— E quem é esse rapaz?

— Chama-se Thiago.

— Então a sua insônia tem o nome de Thiago?

— Mãe, nós o flagramos muitas vezes nos observando de longe...

— Mas houve algum problema depois que vocês lhe deram o flagrante?

— Nenhum. Aliás, ele foi muito bem recebido no grupo e compartilhou de sofrimentos também enfrentados por alguns da equipe.

— Foi a primeira vez que você viu o Thiago?

— Não. A primeira vez foi numa aula de Lógica. A senhora nem vai acreditar: ele e mais uns amigos malucos estavam todos vestidos de ternos pretos, óculos escuros e, além disso, levaram um caixão para a sala de aula...

— Um caixão?

— Ele queria provar — utilizando-se do teatro — que a Lógica está sendo velada nos dias de hoje, dando lugar à emoção, que é a rainha da Pós-Modernidade.

— Quanta originalidade! Não conheço, mas já gostei desse rapaz.

— No começo, o professor até pediu para que ele e seu grupo parassem o teatro... Mãe, eles choravam de verdade! Porém, o professor deu-lhe luz verde, deixando que ele desse a aula e explicasse a sua tese.

— E ele conseguiu?

— Recebeu os parabéns do professor, que lhe disse que ele continuará na próxima aula. O professor ficou fã dele.

— Do professor, ele ganhou admiração; da minha filha, o coração.

— Nem se empolgue, dona Beatriz; nem se empolgue... O que a senhora tá insinuando?

— Primeiro, eu gostaria que você diminuísse essa luz dos seus olhos, pois eles parecem com a luz de neon – põe a mão na frente dos olhos, brincando. — e estão me ofuscando... Você não sabe que eu tenho fotofobia? — Priscila passa a mão na cara da mãe, mas com carinho e sorrisos. — Em segundo lugar, quero te dizer que o seu coraçãozinho foi invadido por esse tal de Thiago.

— Mãe, obrigada pela prosa, mas vou tentar dormir — dá um beijo na mãe. — Bênção, mãe!

— Que o Senhor te conceda um varão segundo a vontade d'Ele, para te amar, proteger, honrar, te fazer feliz e te encher de filhos...

— O que é isso, mãe? — fala espantada com o modo de sua mãe lhe abençoar.

— Eu quero ter muitos netos.

— Fique com Deus, mãe — desconversa e vai saindo brava da cozinha. Porém, jamais ousaria levantar o tom de voz para sua mãe, pois, além de gostar muito de seus dentes, leva a sério o primeiro mandamento com promessa, que é o de honrar pai e mãe, segundo Efésios 6:2 e Êxodo 20:12.

Esse é o grande segredo bíblico para que se viva muito sobre a Terra. Pelo relaxamento desse mandamento é que temos, nos dias atuais, um número muito maior de enterros de jovens que de velhos, pois estes honravam pai e mãe mesmo sem conhecer a Bíblia, mas aqueles estão se encontrando com a morte prematuramente.

— Minha filha, tudo o que você está sentindo é igual ao que eu senti quando conheci teu pai. Meu coração me disse logo que ele seria o homem que Deus tinha escolhido para mim.

— Tá bem, mãe... Tá bem — sai da cozinha e esbarra numa cadeira, quase caindo, o que faz com que a sua mãe sorria.

Chega ao seu quarto, pega o seu travesseiro quase o esganando.

— Que absurdo!!! — respira ofegantemente até que sua respiração se normaliza lentamente.

Mesmo sob pressão o travesseiro sobrevive. E Priscila acaba caindo no sono.

Capítulo 12

A Palavra é o alimento; a oração é a vitamina; o jejum é o antibiótico

Priscila amanhece com as forças renovadas, porque as mesmas fortes emoções que lhe roubaram o sonho acabaram por levá-la a um sono profundo e restaurador.

O sono REM (*Rapid Eyes Movement*: movimento rápido dos olhos) é o sono que os bebês experimentam em 80% dos seus sonhos, levando-os a um descanso inigualável. Essa qualidade de sono/descanso vai caindo com o passar dos anos e a idade chegando. Nesse tipo de sono é que se tem os sonhos coloridos e que se acorda com as forças regeneradas; novinho em folha. Dá até vontade de cantar para esse tipo de sonho: "*You make me feel brand new*", música do Simply Red, cuja tradução mais romântica para o português seria: "Você faz com que eu me sinta novinho em folha".

E esse turbilhão de emoções é o que faz com que se cresça em experiência. E, inteligentemente, não pela inexperiência no quesito amor, mas pela alta experiência do mundo espiritual, ela começa um jejum que perdurará por toda a semana. Como não sabe lidar com a situação, entrega seus sentimentos naturais para serem tratados no mundo sobrenatural — o que deve ser a receita para que os servos de Jesus Cristo vivam com as suas almas refrigeradas pelo Bom Pastor, que os leva às águas de descanso.

Poucas pessoas atentam para o fato de que a palavra "espiritual" — como disse Thiago Rodrigues ao pessoal do Mover — sendo trocada pelo sinônimo "sobrenatural" (acima do natural) traz uma melhor compreensão de que todas as coisas que acontecem no mundo físico (natural) são influenciadas e estão submetidas ao que acontece, primeiramente, no mundo espiritual (sobrenatural).

Ela vai à faculdade meio que desconfiada, mas usa da naturalidade que a maioria das mulheres tem para conseguir esconder os seus sentimentos.

Os três não se encontram — como é, atualmente, de costume —, pois cada um está com um problema em particular: Délcio está envolvido com coisas sujas e perigosas, das quais talvez se torne um prisioneiro para o resto de sua vida; Frank está entre o prazer carnal e o desprazer de entristecer o Espírito Santo com o seu relacionamento com Vânia; Priscila está se sentindo estranha ao passar tanto tempo pensando em Thiago, mas a sua vida espiritual é o que lhe dá forças, e esse jejum é providencial para que não caia em nenhum laço, caso algum esteja armado.

O professor de Lógica chega à sala.

— Então, meu caro Thiago, hoje nós não teremos teatro? — pergunta sorrindo.

— Não, querido professor.

— Desistiu de continuar a "sua" aula?

— De maneira nenhuma. Caso o senhor me permita, continuarei a minha explanação, conforme proposto pelo senhor mesmo.

— Fique à vontade — ele vai se sentando, mas volta e fala a Thiago. — Ah, eu iria me esquecendo de dizer: em todos esses anos, como professor, eu nunca tive uma surpresa tão interessante numa sala de aula como na aula anterior.

— Eu fico muito lisonjeado, senhor.

— Pode começar.

Thiago se aproxima do local destinado ao professor.

— Meus caros colegas e honroso professor – ele ensina como se estivesse em um palco —, como falamos na aula anterior, os dias são de luto em relação a tudo aquilo que transforma o homem no ser superior a todos os demais animais. Digo "animais", pois é assim que a Biologia nos classifica: um ser que nasce, se desenvolve, procria (e isso nem todos) e depois morre.

'E todo esse clima fúnebre começou há mais ou menos uns dois séculos, quando um alemão — por favor, nada de piadinhas sobre o 7 a 1 (alguns riem bem baixinho) — chamado Friedrich Hegel propôs, no final do século XVIII e começo do século XIX, a ideia da inexistência da verdade absoluta, tendo René Descartes como seu corroborador, além de outros em outras áreas do conhecimento, como Einstein.

— E alguém acredita nisso? — pergunta Priscila de uma forma impetuosa.

— Essa "crença", minha cara colega, é a bússola usada pelo homem pós-moderno.

— Poderia ser mais claro a respeito do seu pressuposto, caro colega?

— Priscila fala como uma atriz.

— Tentarei — olha em direção à bela jovem. — Essa aparente maluquice do alemão — que não tem qualquer ligação com um problema que acontece na mente, conhecido como Alzheimer — tomou uma força assustadora no meio acadêmico. O problema não é a proposta de uma nova maneira de ver as coisas, pois isso permeia o homem em toda a História. Podemos citar como exemplo, Immanuel Kant, o qual fez uma revolução copérnica no conhecimento...

— E o que seria essa revolução copérnica no conhecimento? — Priscila, por ser a única a perguntar, faz parecer que não haja ninguém além dos dois no ambiente.

Esse tipo de comportamento é uma característica de quase todos os centros acadêmicos, onde dezenas de alunos ocupam uma sala de aula ou uma palestra, mas um ou dois dialogam com o professor/palestrante, enquanto os outros não estão entendendo nada, ou não estão interessados, pois, dentre vários motivos, estão ligados ao mundo virtual 24 horas por dia, mas, em *off* com a vida real, sendo os verdadeiros "idiotas" a que Einstein se referiu em 1950, alertando para o *bug* que iria acontecer no milênio, não nos computadores como se pensava, mas na mente do homem pós-moderno, o qual perdeu o norte e se encontra desbussolado, tornando-se passageiro da idiocracia, que é a vitória do *Homo demens* sobre o *Homo sapiens*.

Podendo ser comparado com uma conversa que um pai teve com seu filho, orientando-lhe durante umas duas horas sobre as coisas da vida. Quando, de repente, seu filho fala em tom alto e forte "Oitenta, Papai". O pai, não entendendo que relação havia entre o número oitenta e os seus ensinamentos sobre a vida que ele estava tentando transmitir para o seu filho, pergunta-lhe: "Oitenta o quê, meu filho?". O filho responde: "Oitenta formiguinhas entraram naquele buraco ali...". Enquanto seu pai tentava dar um norte para a sua vida, utilizando-se de sua experiência, seu filho contou oitenta formigas entrando num buraco durante duas horas, desprezando as orientações de seu pai.

O filho escutava, mas não ouvia... Escutar é ouvir sem discernimento; ouvir é escutar com discernimento.

— A proposta de Immanuel Kant foi fazer na filosofia aquilo que Copérnico fez em relação à Astronomia.

'Copérnico propôs que a teoria geocêntrica estava errada — teoria que defendia que a Terra (geo) seria o centro do Universo (teoria parida principalmente por Aristóteles) —, trazendo cálculos matemáticos que "provavam" (uma prova não cabal, pois se chama teoria, e não lei) que o Sol (hélio) era o centro do Universo, defendendo e demonstrando com cálculos (embora quase ninguém entenda) que a verdade estava na Teoria Heliocêntrica – sol no centro do Universo – e deitando por terra a antiga teoria.

— Então Immanuel Kant mudou o protagonismo da Filosofia? — Priscila está impressionada com a limpidez com que Thiago explica coisas tidas como supercomplicadas. — A terra passa de atriz principal para coadjuvante?!

— Exatamente, minha querida. O que Kant fez foi equacionar a busca do conhecimento entre os filósofos racionalistas (Platão, Leibniz, Espinosa e Descartes), que defendiam que todo o conhecimento provém da razão, e os filósofos empiristas (Aristóteles, Locke, Hobbes, Humes e Berkeley), que defendiam que o conhecimento era adquirido somente por meio da experiência sensorial...

— E como se deu essa aplicabilidade na Filosofia? — pergunta o professor.

— Excelente pergunta. Antes de Immanuel Kant, quem era o ator principal da Filosofia era o objeto em estudo. A partir dele, o sujeito é que passa a ser o protagonista, conforme muito bem colocou a nossa bela colega.

Priscila fica um pouco rubra com o elogio de Thiago. Porém, não pode perder a chance de aproveitar ao máximo essa excelente aula. Além, é claro, de não deixar transparecer os seus sentimentos em relação ao rapaz.

— O senhor poderia nos dar um exemplo claro? Aliás, como têm sido suas colocações até agora — fala a moça com elegância.

— Mesmo você me chamando de "senhor", eu vou fazer a sua vontade — a turma cai no riso junto com o professor. — Gosto de usar o exemplo da motocicleta.

— Aí, você tocou no meu fraco — fala Mário, um apaixonado por motos, e que vai à faculdade em uma Harley Davidson.

— Beleza. Vamos explicar usando esse exemplo, e vocês verão como fica facílimo de ver o que Immanuel Kant fez no conhecimento filosófico — desenha uma moto no quadro, mas não gosta. Chama Mário, que faz um desenho bem caprichado.

— Vejam, senhores e senhoras. A motocicleta tem, de acordo com Immanuel Kant, um significante inalterado, mas diversos significados — olha para o motoqueiro e agradece. — Obrigado, Mário, pela ajuda, pois não sou exatamente um Pablo Picasso.

— Explique devagarinho, Thiago, pois a minha mente não é igual à minha moto... Enquanto a minha moto é uma das mais potentes, a minha cabeça anda a passos de velocípede.

A galera toda ri da sinceridade de Mário.

— Mário, você está errado em sua colocação. Muitas vezes o problema não é a potência do seu cérebro, mas a incapacidade de alguns professores em ensinar coisas aparentemente difíceis, utilizando-se de fáceis explicações, habilidade que somente os mestres possuem. Como Jesus Cristo, por exemplo, utilizava-se de parábolas com os elementos com que Seus ouvintes conviviam: peixes, plantas... Aqui, vou usar a sua moto.

'Da mesma forma acontece quando você leva a sua moto a um bom mecânico, e ele consegue aumentar em muito a potência ou a economia dela. Já, muitas vezes, você leva a sua moto para um mecânico incompetente para resolver um probleminha e sai de lá com problemões que não existiam.

— É isso mesmo, cara. Já encontrei cada mecânico incompetente... Será que eu posso turbinar minha mente? — anima-se Mário.

— Claro que sim. Principalmente porque você tem um dos melhores mestres, cujo nome é Celso Pereira. Sem deixar de falar que as novas descobertas da Neurociência apontam para a realidade de que qualquer pessoa, em qualquer idade, pode aprender qualquer coisa a que se dedique, o que é chamado de neuroplasticidade...

— Acho que essas palavras seriam mais honestas se direcionadas a você, Thiago. Porém, eu concordo com você. Eu mesmo cheguei a travar em algumas matérias durante a minha vida estudantil por causa de professores que me bloquearam, pois conseguiam trazer um mistério digno de Sherlock Homes para um assunto bem simples, que somente anos depois consegui compreender... Tudo é simples para quem tem as respostas. Mas, por favor, continue — diz o professor após interromper Thiago.

— Por isso, professor, que eu prefiro chamar o Scooby Doo e a sua turma para resolverem os mistérios. No final, eles sempre descobrem que o fantasma não existe, que tudo não passa do plano de alguém ou de algum grupo para que fiquemos com medo de descobrir a verdade... — o professor fica impressionado com a mistura e aplicabilidade dos conhecimentos que o aluno faz em suas comparações.

'Para Immanuel Kant o signo é a moto ou a motocicleta; o significante da moto é muito fácil de ser compreendido: um veículo de passeio motorizado de duas rodas. O significante é definido e inalterável. Agora, no quesito significado, a coisa toma proporções pessoais e mais profundas. Por exemplo: Mário, com que palavra você definiria moto?

— Liberdade! — fala Mário com muita empolgação.

— E o senhor, professor?

— Perigo — o professor responde em alta velocidade.

— E pra você, Luiz, o que significa moto? — Thiago vai bem próximo do seu tímido colega.

— Morte — responde Luiz.

— E por que "morte"? — vai bem próximo, tentando dar confiança ao colega.

— É que meu primo morreu num acidente, no ano passado — Luiz fala com a cabeça baixa e com a voz triste e tímida.

— Sinto muito — Thiago fala, demonstrando tristeza pela perda que o amigo sofreu e um controle absoluto da aula e da atenção dos colegas e do professor.

Ele anda um pouco e vai se aproximando de Priscila, a qual sente o mesmo frio no estômago do dia anterior, mas tenta disfarçar.

— E para a senhorita Priscila, o que representaria a moto?

— Aventura.

— Sorte de quem puder desfrutar dessa aventura ao seu lado — Thiago fala bem baixinho. Priscila engole seco. Porém, ele retorna ao centro para continuar a aula.

A turma mal respira para não perder uma explicação tão bem-feita como essa.

— Vamos recapitular o que significa a revolução copérnica no conhecimento. O protagonista é trocado, passando o objeto para coadjuvante para dar o papel principal ao sujeito da análise.

'Para isso é necessário se levar em conta a história do sujeito/observador, seu conhecimento empírico — como são o de Mário e o de Luiz —, os temores advindos de noticiários, como foi a definição dada pelo professor... Além disso, as expectativas que esse sujeito que observa tem em relação ao objeto em estudo, como foi o caso da senhorita Priscila, que vê, na moto, a possibilidade de viver aventuras inesquecíveis...

'Logo, vemos que, assim como a história está dividida em antes e depois de Jesus Cristo, a história da Filosofia está dividida em antes e depois de Immanuel Kant.

— Cara, eu entendi tudo o que você explicou. Parece que meu carburador, filtro de óleo e de motor acabaram de ser trocados... — Mário está feliz pela ideia de que a sua inteligência não é o problema, mas talvez a falta de mestres que falem de uma maneira que chegue aos seus neurônios.

— Thiago, a sua explicação deveria ter sido feita por meio da internet, certamente que muita gente veria a Filosofia com outro olhar. Porém, enquanto Immanuel Kant foi capaz de receber elogio de sua parte, vejo que essa admiração não é transmitida a Friedrich Hegel — infere o professor.

— A Filosofia, senhor, é valorizada por pouquíssimas pessoas. Pra você ter uma ideia, um amigo me disse que a seu filho foi perguntado sobre o que o seu pai fazia e, ao responder que seu pai era filósofo, a pessoa insistiu na pergunta: "Mas o que é que ele faz mesmo?" — a galera cai na gargalhada. — Ou seja, para alguns, o ato de pensar é equivalente a um malandro que não faz nada. Eis um dos porquês de nosso país estar nesta situação, sendo habitado e até governado por analfabetos funcionais.

'Nós tivemos uma demonstração clara sobre as pessoas que se encontram no comando do nosso país durante o processo de *impeachment* da presidente Dilma Roussef... — anda um pouco pela sala e emenda com o tom de bravo: — Gente, o que estava em julgamento era se a presidente tinha cometido ou não crime de responsabilidade fiscal – as famosas 'pedaladas' fiscais —, mas vimos pessoas sendo contra ou a favor pelos motivos mais estranhos possíveis — alguns riem e outros ficam com a cara chateada, sabendo que é esse tipo de gente que comanda o país, quando, para que um país cresça, é necessário que sejam colocados intelectuais no poder e não sanguessugas.

— O senhor tem toda razão — volta-se para o professor, demonstrando total controle em relação aos comentários e perguntas —, pois se Kant traz uma vertente filosófica que nos convida a ver signo, significados e significantes com suas características próprias, Hegel convida/impõe ao homem um trabalho de não pensar e se tornar um guerreiro na defesa daquilo em que muitas vezes sequer se acredita, dando uma de Jim Carrey, no filme *Sim, senhor.*

— Na sua visão, então, enquanto Kant traz uma proposta ao homem para que este use a elasticidade na sua visão e no seu cérebro a respeito de tudo que o rodeia, utilizando-se das experiências próprias e vendo as coisas nesse somatório de história, visão particular e projeção futurista, Hegel traz uma imposição, chamando esse homem para ser um não pensante?

— Professor, o senhor deu xeque-mate naquilo que queríamos trazer para dividir com os colegas no dia de hoje. Hegel é um ditador que se contradiz no seu próprio pressuposto: "Não há verdade absoluta".

'Se não há verdade absoluta, o seu próprio enunciado já é uma fraude. Ora, se a premissa maior é falsa, certamente que tudo o mais será falso também.

'Como alguns falam na gíria em relação à 'lacração'. Ora, lacrar é fechar uma conversa já com a mão erguida por um juiz que o considera vencedor. Na verdade, todos devem ter a chance de expor seu pensamento e ouvir seus interlocutores. Fechar o assunto é imposição, não filosofia. Lacração é a imposição de um pensamento sem ceder ao outro o direito de expor seu pensamento.

'Como disse Voltaire, pensador francês: "Não concordo com uma das palavras que dizes, mas defenderei até à morte teu direito de dizê-lo".

'Se Hegel tivesse razão, qual o motivo de se vir a uma faculdade, passar vários anos, quando tudo o que o professor irá ministrar nas aulas é apenas especulação? Por que os pais gastariam tanto dinheiro na educação de seus filhos, se a verdade é apenas uma ilusão de radicais?

'A proposta de Hegel, ao ser levada a sério, poderia ser um bom dispositivo para ser usado por todo aluno que tirasse uma nota baixa em uma prova. Veja só, já que não há verdade absoluta, este aluno poderia questionar com seu professor, dizendo-lhe: "Professor, não há verdade absoluta. Logo, a sua verdade é uma e a minha é outra. Portanto, eu quero dez em minha prova".

A turma toda ri, entendendo perfeitamente as explicações do aluno/professor.

— A filosofia é mutante, sendo que a cada tempo alguém traz uma nova proposta, mas o que Hegel trouxe foi um engessamento nos pensamentos, sugestionando — e com os seus pares — à geração pós-moderna a se tornar aconceituosa (que é a incapacidade de fazer um conceito de algo). Mas para isso, se esconde atrás do chavão: "Eu não tenho preconceito", quando, na verdade, esse sujeito — a quem se é obrigado a chamar de "humano/gente" — não tem é conceito de nada, pois a sua mente é apenas um bambu oco, servindo de passagem para levar a água suja que a mídia quer servir para os não pensantes tomarem... O exagero do politicamente correto.

— Em relação a essa palavrinha, que particularmente me causa espécie, e à qual muitos recorrem por não terem uma filosofia ou ideologia de vida, o tal de "preconceito", eu tenho algo a dizer — fala Priscila.

— Uma voz doce como a sua, mais adocicada ainda com tanta sabedoria, só pode ter um poder: adocicar a nossa aula — fala o "professor" Thiago. — Por favor, senhorita Priscila, prossiga.

— Obrigada, senhor Thiago. Bem, primeiramente, quero trazer às nossas mentes que tudo que pensamos e defendemos vem de uma fonte. Apenas aqueles que ousaram pensar com seus próprios cérebros – já que a maioria terceiriza esse trabalho — foram capazes de criar algo novo, o que lhes rendeu fama posteriormente. Porém, muitas críticas e perseguições quando expuseram ao mundo suas visões diferentes, tendo em vista que todo homem que pensa além do seu tempo tem, como sentença irrevogável, a solidão como companheira e as carícias do apedrejamento social, confirmando o que disse Caetano Veloso, na sua música Sampa: "Narciso acha feio o que não é espelho" — a moça demonstra uma cosmovisão da vida, utilizando-se dos mais variados conhecimentos, inclusive MPB.

'O diferente deve ter a oportunidade de ser ouvido, pois aqueles que assim o fizerem poderão descobrir universos até então encobertos para eles.

'Enquanto Hegel e Kant têm suas visões particulares, às vezes em combates e às vezes em auxílio um ao outro, a Bíblia confronta os dois em suas premissas.

'Primeiramente e mais radical, a Bíblia se opõe ao que diz Hegel ao rejeitar a verdade absoluta, pois Jesus Cristo diz em João 14, versículo 6, quando Ele declara ser: O caminho, A verdade e A vida.

'Jesus Cristo ou é muito jactancioso ou é Deus. Caso contrário, Ele jamais poderia se utilizar dos artigos masculino e feminino, definidos e singulares, pois seria uma atitude de muita arrogância. Hegel certamente odiava essa passagem em que alguém roga para si a prerrogativa de ser "a verdade absoluta".

— Muito boa a sua intervenção — Thiago a interrompe. — E em que a Bíblia confrontaria Immanuel Kant, senhorita?

— A religião é um carro velho e com o motor batido, incapaz de levar o homem a Deus, não obstante a sua definição em latim *"religare"* — certamente sabida por todos os presentes aqui. — queira transmitir a ideia de religar o homem a Deus, pois o pecado trouxe um distanciamento de milhões de anos-luz, entendendo-se que "anos-luz" reportam-se à distância, e não ao tempo; distância essa eliminada por uma cruz de madeira e o Deus encarnado pendurado nela. O Logos que se fez carne.

'Immanuel Kant acerta quando coloca em cada homem religioso maior importância do que no ser que esse religioso adora, pois os dogmas ou rituais que as muitas religiões criaram e impuseram aos seus seguidores — como supostos interlocutores entre Deus e esses fiéis — superam o que esse ser, que supostamente é adorado, deseja, ordena e orienta.

'Já a Bíblia – objeto de estudo da Teologia, que roga ser A Palavra de Deus — mostra Deus tornando-se homem, vindo com a missão de morrer numa cruz — local reservado aos malditos — em lugar de pessoas que iriam reconhecer sua incapacidade de autossalvação. O Bendito se fez maldito a fim de que todo maldito – herança do primeiro Adão — possa se tornar bendito, não pelos seus próprios méritos, mas pela graça derramada em forma de sangue, na cruz do Calvário.

'Logo, contrapondo-se a Kant, o Cristianismo não tem essa flexibilidade que dá aos sujeitos a opção de como servir a Deus e ainda lhes diz que é pela graça – favor sem qualquer merecimento por parte de quem o recebe – que há a salvação desse homem pecador, mostrando uma obrigação de que sigam as orientações do "objeto" a que se cultua.

'O que vem na contramão do pensamento kantiano, trazendo uma nova visão em relação ao ser a quem se adora.

'Um Grande exemplo que pode nos ajudar a entender esse anti-hegelianismo por parte da Bíblia está no fato de vivermos numa democracia — onde o cidadão tem certa liberdade para aceitar ou não algo. Porém, quando se proclama a Jesus Cristo como seu Senhor, Salvador e Mestre, esse cidadão da democracia passa a admitir a Jesus Cristo como rei... O homem passa para o regime monárquico, onde tem apenas um direito como súdito: o de não se ter direito algum, mas, ao mesmo tempo, sendo herdeiro de Deus e co-herdeiro com Cristo. E, nessa aceitação, o que o sujeito 'achar' deve 'devolver para o dono', pois a Bíblia passa a ser seu único manual de prática e fé.

Há um silêncio na sala, embora quase todos estejam de boca aberta. Thiago, para tirar as pessoas do transe em que se encontram, puxa um aplauso.

O horário bate, mas ninguém arreda o pé da sala de aula.

— Senhores e senhoras, vamos ficar por aqui hoje. Acredito que Thiago trará novas informações na próxima aula. Porém, eu proponho que façamos uma aula em formato de debate, para que o jovem fale com o auxílio de todos, e não apenas com a participação de um ou dois colegas, ok? — todos consentem. — Boa noite a todos. E você, Mário, ande com atenção redobrada em sua moto, por favor.

— Pode deixar, *teacher* — Mário sai e bate nas costas do professor, demonstrando a falta de distância entre professor e aluno, o que foi promovido pela aula bem descontraída do "professor" Thiago.

— Muito boa a sua participação na aula — Thiago passa as mãos nos ombros de Priscila, que sai de fininho para não dar bandeira a respeito dos sentimentos que nutre pelo rapaz, os quais lhe são ainda um mistério.

Capítulo 13

O misto feito de conhecimento teológico e científico pode ficar saboroso?

A reunião do Mover está agitada, perdendo em agitação apenas para o coração de Priscila, o qual está jorrando sangue como uma cachoeira na expectativa da vinda ou não do "professor" Thiago.

— Ele usou um caixão na aula de Lógica, Priscila? — Judy fica perplexo e admirado com a atitude do jovem.

— Não apenas isso, mas o professor Celso Pereira acabou aceitando que o Thiago desse a aula no seu lugar.

— Esse rapaz com toda essa capacidade deve ter sofrido muito nas mãos de líderes evangélicos inseguros.

— Pelo pouco que ele contou naquele dia que o flagramos, foi esse o motivo que fez com que ele se afastasse da convivência com a igreja. A sua facilidade em fazer o link entre os conhecimentos científicos e filosóficos lhe deram uma fama, no mínimo, de herege — disse Willians, um rapaz que passou pelo mesmo que Thiago.

— Pelo visto, Thiago vai ter que se sentir apoiado e bem-vindo ao nosso meio, pois dessa forma ele poderá potencializar toda essa inteligência e eloquência para a glória de Deus — fala Judy.

— Acho que podemos contar com o apoio da Priscila para essa finalidade — fala Hortência com um sorrisinho entre os lábios.

— O que você está querendo dizer com isso, Hortência? — pergunta Priscila, sentindo um frio no estômago, achando que o seu segredo fora revelado por alguma atitude que lhe tenha dedurado.

Percebendo o mal-estar que causou à irmã, Hortência tenta desconversar.

— É que o fato de estar na mesma sala de Thiago ajudará você a monitorá-lo e ajudá-lo ao mesmo tempo a entender que ele não sofrerá de solidão nessa sua maneira de encarar o mundo espiritual sem dissociá-lo do natural.

— Você tem razão. Inclusive, ele foi muito ousado ao defender as suas ideias, mesmo diante de um dos mais conceituados professores da universidade. E o que mais espantou a turma foi o fato de que o professor, além de elogiá-lo, ainda lhe deu o direito e a responsabilidade para conduzir a aula do dia seguinte, demonstrando uma pedagogia acima da mediocridade, beirando a excentricidade e a genialidade. E isso é coisa para pouquíssimos que se intitulam de professores ou mestres, seja por medo de alguém ministrar a aula melhor que ele ou de ir contra o plano pedagógico da instituição.

— Dá para notar que ele ganhou uma fã fervorosa, né, Priscila? — fala Hortência, dando uma famosa cutucada que somente as meninas fazem uma com a outra.

— O importante é que apoiemos esse rapaz, conseguindo que ele sinta em nós uma família que está pronta para ser uma benção em sua vida, desejando que ele também seja uma benção para o Mover — Judy muda o clima imposto por Hortência, pois o seu foco no grupo, aliado ao fato de não conhecer facetas do mundo feminino, faz com que não perceba a insinuação de Hortência em relação aos sentimentos que nasceram no coração virgem de Priscilla por Thiago. Priscila mantém até seus lábios virgens, pois se guardou totalmente para o varão que Deus mandará para ela.

A moça tenta manter a pose, evitando que as palavras de Hortência ganhem força. Porém, quando Thiago se aproxima da reunião, o seu rosto fica rosado, o que fortalece as desconfianças de Hortência, que fica olhando-a fixamente e com os olhos meio que fechados, demonstrando uma análise sherlockiana do cenário.

— Seja bem-vindo, "professor" Thiago — brinca Judy, mas lhe dando um sincero abraço de boas-vindas.

— Professor? Do que você está falando?

— Priscila nos contou tudo o que aconteceu na aula de Lógica.

— Bondade da senhorita Priscila. Eu apenas quis colaborar com o professor e os colegas. Aliás, eu sempre falo muito durante uma aula — justifica-se Thiago.

— Além de muito inteligente, ainda é humilde. Foi você, na verdade, quem deu as duas aulas de Lógica que tivemos até agora — fala Priscila, tentando mostrar que a situação lhe era normal e que não a abalava em nada a presença do moço.

— A aula se tornou fantástica mesmo porque houve a sua participação especial — Ele olha para os irmãos e diz. — Priscila foi capaz de, numa só vez, mostrar que a Bíblia se contrapunha a Immanuel Kant e Hegel. A sua aplicabilidade da Palavra de Deus fez com que muitos comecem a ver a Bíblia e os crentes com outro olhar, pois as suas considerações trouxeram argumentos científicos e o posicionamento firme e claro das Escrituras em relação aos pressupostos dos dois grandes pensadores.

— Você não falou nada a respeito, Priscila — estranha Judy.

— A minha participação em relação a do Thiago foi ínfima.

— Thiago, a sua decepção com o sistema eclesiástico fez com que você se afastasse da igreja, mas, e de Deus, você também se afastou d'Ele? — questiona Hortência.

— Eu até tentei, mas minha tentativa foi inútil... — baixa a cabeça e continua. — Eu não queria mais ler a Bíblia, mas a sede e fome dessa Palavra, a qual supera tudo o que eu conheço, não deixaram que eu me afastasse dela.

'Comparo com a passagem em que as pessoas acharam que o discurso de Jesus não era nada politicamente correto, o que fez com que Lhe abandonassem. Jesus, então, pergunta a uns discípulos: "Muitos se foram. E vocês, não vão embora também?" A essa pergunta, respondeu o apóstolo Pedro: "Para onde nós iremos, se somente Tu tens a Palavra da vida eterna?" É mais ou menos isso que está escrito em João 6:68.

— Isso quer dizer que, assim como nós, você é apaixonado pela Bíblia e por Jesus? É o amor que pegou na veia? O que causa dor, mas dá prazer? — pergunta Judy.

— Eu quis muito me rebelar diante das decepções com os homens que estão à frente das igrejas, mas como eu uso muito do racional, comecei a analisar que os homens me decepcionaram, dando-me até desculpas para deixar de seguir a Cristo, desculpas que poderiam ganhar o status de justificativa, mas quem me decepcionou foram homens, não Jesus. Pensei comigo mesmo: eu sirvo a Jesus Cristo ou a homens?

— É, meu caro, que pena o fato de que muitas pessoas que se decepcionam com líderes acabam por desistir do cristianismo. Essas pessoas ficam tão magoadas e decepcionadas que perdem a capacidade de raciocinar e verificar que só teriam a justificativa de abandonar a Jesus Cristo, caso Este mesmo as decepcionasse – Judy colabora com Thiago no seu entendimento sobre quem são os atores de sua decepção.

— Judy, principalmente nessa geração onde a reflexão e a lógica estão fora de moda, eu agradeço a Deus por ter me ajudado a manter a fé — o que foi com certeza obra do Espírito Santo —, lutando contra as minhas emoções e deixando a razão tomar o controle do barco da minha vida em meio a esse mar revolto. Qualquer um que entregue o leme da sua vida à emoção, principalmente no mar revolto das tribulações, verá sua embarcação vir a pique... A emoção é uma péssima motorista para estar no volante da nossa vida. É isso que nos adverte a Bíblia em Jeremias 17:9.

— Fico feliz, Thiago, por essa sua decisão. Na verdade, foi essa atitude que manteve a todos nós firmes no dono da Igreja. O que se vê hoje, infelizmente, são alguns falsos pastores que se preocupam apenas em apoiar as coisas que levem sua bandeira e o seu CNPJ, mas o que podemos fazer é orar por eles, pedindo a Deus que os opere de miopia, astigmatismo ou catarata em relação à Sua obra. Muitos são os escândalos, sendo os relativos ao financeiro os que mais chamam a atenção das pessoas.

— A visão de Reino de Deus está nos olhos de poucas pessoas que estão à frente das igrejas. Porém, sempre há homens e mulheres mais comprometidos com o Reino de Deus que com as placas de suas igrejas — diz Hortência.

— Esse é um dos motivos mais fortes de a igreja estar tão enfraquecida no quesito missões, sejam urbanas ou transculturais — comenta Judy.

— Os escândalos são necessários para cumprimento da Bíblia, mas ai daqueles que os cometem... A Bíblia é clara em mostrar que esses escândalos são cometidos por falsos pastores e falsos mestres, mas não por pastores falsos e mestres falsos... Priscilla o interrompe.

— E qual a diferença, professor Thiago Rodrigues? — dá uma risada com os olhos.

— É que, quando o adjetivo vem na frente do substantivo, já desqualifica este substantivo de ser verdadeiro. Ou seja, "falsos pastores" e "falsos mestres" quer dizer que eles nem são pastores nem mestres. Pastores e mestres podem optar por ser verdadeiros ou falsos, mas o que a Bíblia diz é que eles nem chegam a ser.

— Dá pra dar um exemplo pra deixar mais claro? — solicita Hortência.

— Um *drag queen* é uma falsa mulher ou uma mulher falsa?

— Uma falsa mulher, pois não é uma mulher.

— Pimba! Uma mulher tem a faculdade de ser verdadeira ou falsa na vida comercial, familiar ou amorosa, por ser uma mulher. Um drag queen não tem essa opção por ser uma falsa mulher, o que faz com que não tenha a alternativa de escolher em ser uma mulher verdadeira ou falsa, pois é uma falsa mulher, ou seja, não é uma mulher... Da mesma forma, esses que se utilizam do Evangelho para seu próprio benefício não são pastores e mestres falsos, mas eles não chegam a ser nem pastores nem mestres, são candidatos eleitos aos "ais" da Bíblia. E olha que, quando o negócio era muito dolorido e os autores da Bíblia não conseguiam explicar com nenhum verbete, eles colocavam "ai". Chega a dar pena dos sujeitos destinatários desses "ais".

— Primeiramente, cabe-nos a obrigação de orar pelos homens que estão à frente das igrejas com o coração puro, a fim de não se contaminarem. Afinal, a igreja é de Jesus Cristo, e Ele é o maior interessado em que a Sua noiva ande por caminhos definidos por Ele. Em segundo lugar, podemos nos unir e fazer um planejamento para alcançarmos esses pastores, mostrando a alguns como eles se distanciaram da simplicidade da complexidade do Evangelho, sempre lhes mostrando que não somos rebeldes às suas autoridades, mas que elas estão abaixo da autoridade da Bíblia... E importa antes obedecer a Deus que a homens, conforme Atos: 5:29 — propõe Priscila.

— Priscila, esse é o meu maior sonho: montar um material e mostrar aos líderes das igrejas evangélicas como os assuntos abordados em muitas escolas bíblicas, pregações e estudos falam mais de coisas fictícias do que da realidade; mais humanistas que espirituais. E o Evangelho de Jesus Cristo comunica acima de tudo vida, e, para se ter a vida abundante — proposta pelo Mestre — é necessário um ensino prático, o qual venha a ter o teórico apenas como um suporte — discursa Thiago.

'Além disso, o manual do cristão tem uma ementa que supera, em número, talvez todos os nossos cursos juntos aqui na faculdade. São 66 livros que nos mostram A verdade. Logo, a Bíblia não é para preguiçosos.

— Cara, era exatamente esse propósito que eu procurava. Você resumiu bem o que pode ser uma das nossas maiores finalidades com a criação do Mover.

O intervalo termina e todos se despedem. Porém, antes fazem uma oração pedindo a Deus que os direcione nas decisões que têm de ser tomadas.

Capítulo 14

A diferença entre conhecer o Jesus histórico e Jesus Cristo, o homem/Deus

Priscila sente uma paz muito grande invadindo o seu ser, embora esteja num labirinto de emoções. Ela sente a presença do Minotauro, tentando deixá-la apavorada, mas a presença do Eterno refrigera a sua alma. Decide que será o sobrenatural que regerá o seu mundo natural, mesmo em se tratando do mundo quase incontrolável do amor e da paixão de uma mulher por um homem. Ela já foi alertada em Provérbios 9:13, que "a loucura é mulher apaixonada". Porém, a única coisa que lhe rouba os sentidos é a presença de Deus. Priscila quer um relacionamento cheio de emoções – como um passeio de moto por uma estrada cheias de árvores e folhas secas embelezando o chão —, mas nada que vá lhe tirar o foco de sua missão na Terra, que é a de falar e viver o verdadeiro Evangelho do Senhor, pois seu maior amor é Jesus Cristo, e sempre será.

Ela sabe que Deus tem reservado o melhor para ela. Além disso, ela não se relacionaria com um homem que não tenha uma visão igual à sua em relação a Jesus Cristo, e ainda é cedo para saber se Thiago se enquadra nessa situação *sine qua non* para que o varão possa lhe interessar.

E, nesse clima de tranquilidade em que ela está atravessando essa tempestade de emoções, convida todo o pessoal do Mover para ir ao culto de sábado na sua igreja, ocasião em que o filho do pastor irá trazer a Palavra.

Mesmo todo ressabiado, Thiago aceita o convite e vai a uma igreja evangélica depois de muito tempo. Ainda lhe sobe um calor/frio ao se lembrar de como foi praticamente expulso da igreja pelo fato de dizer ao pastor da igreja que toda essa transição — para um modelo administrativo que recebeu a adoração que pertence somente ao Senhor da igreja — poderia provocar doenças e até mortes espirituais... O que, infelizmente, o tempo constatou.

Ele percebe que as acelerações do seu coração vão diminuindo até que sua alma entra em total repouso como se tivesse chegado junto às águas de descanso, pois o ambiente respira o perfume de Jesus Cristo.

Como um cachorro que busca algo que lhe é familiar e perigoso – como os cães adestrados para encontrar drogas em aeroportos e fronteiras —, ele tenta detectar algum olhar de desdém ou algum repúdio, o que demonstra o tamanho da ferida em sua alma.

— Thiago, tente relaxar, você está na casa do Pai... — Priscila passa a mão nos seus ombros, o que não lhe provoca exatamente um relaxamento, mas uma sensação de um incômodo de outra natureza.

— Obrigado, Priscila... Dê-me apenas uns minutos para que eu me adapte e me tranquilize, okay?

— Desculpe-me, Thiago... Não foi minha intenção pressioná-lo...

— Você não está me pressionando não, minha querida... — ele percebe que a chamou de querida, mas tenta disfarçar. — A pressão é interna; ela não vem de você. Eu faço é agradecer o seu apoio.

— Fique à vontade. Eu vou aproveitar e falar com umas irmãs, certo?

— Não se preocupe comigo; eu vou ficar bem.

Priscila se afasta, deixando Thiago analisando o ambiente como Sherlock Homes em busca de algo que desmascare um crime.

Depois de um tempo, todos do Mover se sentam na mesma fileira.

O louvor parece ter trazido o céu para dentro da igreja. É possível até sentir o vento provocado pelo voo dos anjos entre os irmãos. É o louvor que certamente chega às narinas de Deus como cheiro suave (I Pedro 2:5)

Thiago sente o seu coração sendo dilacerado pelos louvores entoados, pois a saudade quase lhe rasga o peito. Ele se pergunta como conseguiu ficar tanto tempo sem sentir essa presença de Deus, a qual é manifestada de maneira diferente quando um grupo de pessoas se reúne com o único intuito de glorificar ao único que é digno de receber o louvor, a honra e a glória (Apocalipse 2:12-14). Ele lembra de um hino de "fogo", cuja letra diz:

"Cadê os crentes que dão glória a Deus? Será que eles já chegaram? O crente batizado com o Espírito Santo não se conforma com o culto normal. Ele sempre está revestido do poder pentecostal..."

Thiago sempre se entregou no louvor. Ele começava usando seu racional — pois é esse tipo de culto que Deus espera dos Seus filhos

(Romanos 12:1), passando depois para o sobrenatural, que somente quem adora ao Senhor em espírito e em verdade consegue alcançar. Ele nunca precisou se emocionar (embora a emoção sempre arrebate os adoradores), pois crê quando a Bíblia diz que, onde estiverem dois ou mais reunidos no nome do Senhor, Ele estará presente (Mateus 18:20). Utilizando-se de sua inteligência e criatividade dadas pelo próprio Deus, sempre que louva ao Senhor, Thiago cria a imagem de um trono bem grande e Jesus Cristo sentado com toda a Sua majestade, o que sempre faz com que ele adore ao Senhor, independentemente do local e do número de pessoas que ali se encontram, o que é bem diferente de grande parte da população que se intitula de cristã.

Para Thiago, o fato de poder adorar a Deus sempre foi a coisa mais prazerosa que sentiu na vida, pois a sua adoração começa no nível intelectual e vai até o espiritual. E quando se começa a adorar ao Eterno com o entendimento natural e se passa para o sobrenatural, um culto jamais será apenas algo de uma agenda, mas o ápice da vida de um servo do Senhor; sempre se terá um cântico novo (Salmo 98:1; Isaias 42:10).

O rapaz está muito cheio da presença de Deus, mas por vergonha faz tudo para não deixar transparecer o seu quebrantamento. Ele tem a ideia de perguntar onde fica o banheiro, saindo rapidamente assim que é orientado sobre como chegar lá.

O alívio que ele busca não é o de suas necessidades fisiológicas, mas o da alma. Thiago chora sentindo um dual de tristeza e de muita saudade. Passa bastante tempo para se recuperar.

O problema dele é que o homem não tem a mesma liberdade de demorar no banheiro que as mulheres têm, pois já pensam que ele está fazendo o "tipo dois". Bem diferente das senhoritas, pois estas geralmente transformam o banheiro em um clube social. Além do mais, ninguém cronometra o tempo que uma mulher passa no banheiro; já os coitados dos homens...

— Tava aperreado, hein, irmão? — brinca Chico assim que ele retorna ao banco.

— É melhor tomar bastante líquido pra não ficar desidratado — provoca Marcos.

— Não ligue para esses dois — Priscila dá uma bibliada em cada um, tentando tirar o desconforto de Thiago, pois ela percebe que seus olhos estão meio avermelhados.

Depois do recolhimento dos dízimos e ofertas, cujo momento é feito com uma alegria de quem está vindo com os primeiros frutos de uma colheita, o pregador da noite é chamado. Após a oração, o jovem começa a pregar.

— A graça e a paz do Senhor a todos os presentes — fala o rapaz responsável por trazer a mensagem nessa noite. E é exatamente o que Thiago está sentindo depois de muito tempo. Essa graça do Deus vivo é um sentimento que faz qualquer poeta ou cordelista tornar-se incompetente na arte de descrever com palavras.

'Vamos abrir a Palavra em II Coríntios 5:16-17:

"E Ele morreu por todos para que todos aqueles que vivem não vivam mais para si mesmos, mas para Aquele que por eles morreu e ressuscitou. De modo que, de agora em diante, a ninguém mais consideramos do ponto de vista humano. Ainda que antes tenhamos considerado dessa forma, agora já não O consideramos assim".

'Há unicamente duas maneiras de se conhecer a Jesus Cristo — começa o jovem a pregar —, o Jesus histórico e o Rei Jesus Cristo.

'O conhecimento passa por algumas etapas, da mesma forma que a luz da aurora vai aumentando aos poucos até chegar o dia perfeito; nós precisamos conhecer e prosseguir em conhecer ao Senhor, conforme Oséias 6:3.

'Conhecer demanda tempo e investimento... O mundo conhece ao Jesus histórico e até o grande mestre Jesus, mas poucos conhecem aquilo que foi revelado a Pedro, pelo Espírito Santo, quando Jesus perguntou aos discípulos sobre quem as pessoas diziam que Ele era "Tu és o Messias, o Filho do Deus vivo." (Mateus 16:13-17).

'Paulo nos adverte em II Coríntios 2:15 e 16 que não é mais possível conhecer apenas o Jesus histórico, mas há a necessidade de se conhecer e reconhecer o senhorio de Jesus Cristo sobre as nossas vidas e sobre toda a Criação.

'*Kenosis* – palavra grega que define a encarnação de Jesus Cristo — é o maior mistério de todos os tempos. Esse mistério que o homem natural jamais conseguirá desvendar, sendo trabalho exclusivo do Espírito Santo de Deus. Como Deus se tornou um ser humano?! O verbo se esvaziou de si mesmo para se tornar um de nós.

'Mesmo muitos homens que se dizem pregadores do Evangelho acabam por se fixar em Jesus como grande multiplicador de pães, transformador de água em vinho, curador de cegos, leprosos e aleijados, mas não procuram entender que o maior propósito da vinda de Jesus Cristo é resgatar aqueles que estão perdidos para que cheguem ao arrependimento de todos os seus pecados.

'O que Jesus chama a atenção é para o fato de que, se Ele não tivesse vindo, se teria a justificativa para não crer nas Escrituras, mas, com a Sua vinda, aquilo que é chamado de justificativa passou para o status de "desculpas".

'Já não há justificativa para que o nosso conhecimento a respeito de Jesus Cristo fique estagnado na História... Aliás, a maior religião do país faz lembrar uma produtora que começou a gravar um filme, mas, por falta de patrocínio, acabou por não terminar a gravação...

'A história contada por essa denominação só vai até a cruz. Inclusive, essa cena é posta como a capa da obra inacabada. Porém, o complemento da história mostra que Jesus Cristo foi ao Inferno, tomou a chave das mãos do diabo — isso torna o diabo sem possibilidade nem de entrar no Programa Minha Casa, Minha Vida, do Governo Federal, pois ele não tem nem as chaves da sua própria casa — e ressuscitou ao terceiro dia — a igreja sorri com a alegoria do jovem pregador e irrompe em louvores ao Senhor Jesus.

'A história contada parcialmente por essa igreja – que, mesmo sendo detentora de um patrimônio tão grande, parece não ter tido recursos para terminar a narrativa da Sua vitória final — encerrou tudo na cruz, passando a ideia de um Jesus Cristo fraco, derrotado e indigno da nossa adoração, recebendo, por parte daqueles que assistiram ao filme de Jesus Cristo somente por esse canal de exposição, uma pena muito grande ao ver aquele desnutrido, cabeludo e malvestido ser derrotado pela união dos judeus com o Império Romano.

'Quase dois mil anos depois de Sua ressurreição, mas ainda há muitos desconhecedores da verdade, os quais só veem Jesus Cristo pendurado em um madeiro, enquanto o inimigo de nossas almas tem — num ringue imaginário — as mãos levantadas por um juiz, que o declara vencedor de uma luta ainda não finalizada.

'O que não sabem os que conhecem apenas o Jesus Cristo histórico — pior ainda, os que conhecem parcialmente a História — é que aquilo que aparentemente aponta para a derrota de Jesus Cristo e a vitória de Satanás, é exatamente o contrário.

'Foi na cruz que Jesus Cristo expôs publicamente Satanás à vergonha pública. Estando o diabo já derrotado, ele é semelhante a uma cobra que tem a cabeça separada do corpo, mas fica movimentando o corpo na tentativa de pegar algum desavisado, mas a separação da cabeça já derrotou sua existência, basta um *poucochinho* para ela receber o seu prêmio de derrotada.

'Aquilo que Jesus Cristo prometeu, "Destruí este templo, e em três dias eu o levantarei de novo." (João 2:19), cumpre-se cabalmente com o retorno à vida d'Aquele que a cruz não conseguiu deter; a morte não conseguiu deter e nem o inferno conseguiu deter...

'Se esse conhecimento esfacelado não pode trazer a Vida Abundante prometida por Jesus Cristo em João 10:10, o conhecimento estagnado da teorização ou da teologia fria e meramente científica é portador da mesma fraqueza pulmonar e óssea, o que impossibilita de chegar ao pleno conhecimento do Senhor, o que se caracteriza como ateísmo ativo (I Timóteo 2:4; II Timóteo 3:7).

'Assim como Jó passou do estágio do conhecimento teórico de Deus para o vivencial, todos nós precisamos passar do conhecimento do Jesus Cristo histórico, crucificado numa cruz, apenas como um grande líder como outro qualquer da História... Em breve, algumas denominações tidas como cristãs mostrarão seu verdadeiro caráter, tirando a fachada de igrejas cristãs para igrejas pós-cristãs.

'Para terminar, conclamo aos irmãos que já tiveram experiências fortes com Jesus Cristo, que parem de contar que foram muito usados no passado, como o foi o Orkut, e deem um upgrade na sua vida cristã, buscando dar um 'F5', vivendo novas experiências com Jesus Cristo, o Qual — assim como Deus Pai fazia no deserto. — tem um maná fresquinho a cada dia para os seus filhos, de quem Ele sempre espera um cântico novo, nos moldes apontados no Salmo 96:1.

'Quero também lembrá-los de que, assim como as cinzas eram guardadas em cinzeiros — lembrando os sacrifícios feitos —, da mesma maneira Deus não se esquece do passado glorioso, das vigílias nas madrugadas e de uma vida consagrada a Ele... O que precisamos é nos voltar para Deus, a fim de que retornemos a viver como quem conhece a Jesus Cristo em Sua intimidade, ao ponto de sabermos e praticarmos a Sua boa, agradável e perfeita vontade (Romanos 12:2).

'O Jesus Histórico é admirado por todos, mas somente Jesus, o Cristo, Rei dos reis, é adorado... e por poucos.

'Conheçamos e prossigamos em conhecer ao Senhor (Oseias 6:3-11)

'Gostaria de chamar a irmã Priscila para fazer uma oração de arrependimento e de renovação de nossas alianças com o Senhor.

Priscila se levanta, enxuga as lágrimas e vai ao púlpito. A sua oração é tão fervorosa que leva quase todos a um arrependimento profundo e um desejo tremendo de conhecer Jesus Cristo, ao ponto de ouvir, ter a percepção e obedecer à voz do seu Senhor. Afinal, Jesus Cristo mesmo disse, em Lucas 6:46: "Por que me chamais, Senhor, Senhor, e não fazeis o que eu mando?".

O grupo de louvor entoa uma adoração ao Senhor, o que faz com que pareça que a Nova Jerusalém já tivesse descido... Muitos se abraçam em prantos, pedindo perdão ao Senhor e prontos para o retorno ao centro da vontade de Deus.

— Deus, eu não quero te conhecer apenas historicamente, mas te peço que, a partir deste momento, o Senhor venha a ser o senhor da minha vida — Thiago está totalmente embriagado pela presença do Espírito Santo de Deus, experimentando o que está escrito em Efésios 5:18, onde a Bíblia orienta que o homem não deve se embriagar com vinho, onde há contenda, mas se encher do Espírito Santo. Desse sentimento havia longo tempo que ele não experimentava. Thiago parece estar convicto de que todas as mágoas provocadas pelos líderes de sua igreja perderam o efeito sobre sua vida, tornando-o livre para realizar a obra que Deus lhe confiara. Afinal, Deus não chamou nenhuma pessoa para vir para o Seu Reino sem um propósito específico.

Depois do culto, foram comer hambúrgueres e traçar planos para o evangelismo da semana.

— Você está diferente, Thiago — disseram em uníssono.

— É tão visível assim? — todos confirmam com a cabeça e aquele sorrisinho no rosto. — Sabe, irmãos, eu passei muito tempo distante da comunhão com a Igreja após ser maltratado por alguns líderes da igreja da qual eu era membro... Creio que isso aconteça com grande frequência com outras pessoas. Porém, eu não posso deixar homem algum interferir na minha comunhão com Deus, pois Deus estava em Cristo reconciliando o mundo consigo, conforme a segunda carta de Paulo aos Coríntios, no capítulo cinco, versículo dezenove.

— Como é bom ouvir isso. Aliás, quando alguém se afasta de Deus por causa dos homens é porque não tem um capital bíblico bom o suficiente para saber que Jesus Cristo é o Autor e Consumador da nossa fé, conforme Hebreus 12:2. É por esse motivo que o verbo está conjugado no gerúndio, depreendendo que é uma ação contínua e que nunca se deve cansar dela. "Olhando..."

— Não podemos cometer suicídio espiritual por causa de outras pessoas — diz Chico.

— Gostei, Chico, depois da brincadeira com Thiago, porque ele demorou no banheiro, você, finalmente, fala uma coisa séria — fala Priscila.

— É que eu aprendi outro dia, ouvindo uma história, uma lição muito grande.

— Qual, Chico? — pergunta Judy.

— Foi uma crítica a quem se suicida por causa de dívidas. A história é a seguinte: um homem soube que seu amigo queria se matar pelo fato de estar devendo muito dinheiro. Este homem chamou o seu amigo e lhe aconselhou, dizendo: "Cara, se o dono da quitanda não te vende mais fiado, vai tentar comprar em outra quitanda; se ninguém mais na rua te vender fiado, vai tentar comprar na outra rua; se ninguém mais te vender no bairro, vai tentar comprar em outro bairro, em outra cidade, em outro estado, em outro país, em outro continente ou até mesmo em outro planeta, mas não se mate não!"

A turma cai na risada, mas Judy não deixa de dar uma bibliada nas costas do brincalhão.

— Muito boa a sua aplicação, Chico, trazendo para a realidade das pessoas que são maltratadas em uma igreja, que elas devem procurar outra, e outra e outra... Mas jamais deveriam abandonar o dono da Igreja — depreende Thiago.

— Eu sabia que você era um cara inteligente, Thiago. O que não posso dizer de outras pessoas... — Judy sai correndo atrás de Chico, o qual tenta se desvencilhar de mais bibliadas que lhe estão reservadas.

Priscila e Thiago se olham por uns instantes, mas os dois estão mais apaixonados por Jesus Cristo que por qualquer outra pessoa ou coisa. Ambos vão para as suas respectivas casas.

Capítulo 15

Brian... Brenda... David... Suicídio

A grande mentira e os resultados desastrosos do nascedouro da ideologia de gênero

Frank tem um dualismo lhe rasgando o peito. Chega à sala de aula e se senta bem no fundão, esperando que ninguém fale com ele.

O professor começa a expor as distintas vertentes da Antropologia. O pedagogo fala com muita emoção de todas as escolas.

— Primeiro, gostaria de falar da tese do Determinismo Biológico, que é uma escola que é voltada à teoria de Charles Robert Darwin — fala o professor Policarpo. — Essa foi tida como a antropologia física, pois media o crânio, dando mais status de desenvolvimento àqueles que tinham os maiores crânios...

— Professor, baseado nessa teoria, o Marcos é o mais inteligente de nossa turma — curte Charles.

— O que você tá querendo dizer com isso? — levanta-se Marcos.

— Se a carapuça coube? Desculpe-me. Melhor falando: se a carapuça não coube... — Nisso, Marcos quer partir para cima de Charles, mas é contido pelos colegas.

— Calma, senhores. A aula mal começou e já tá com todo esse alvoroço — fala o calmo professor Policarpo.

— Professor, onde cabem mais músicas: num LP ou num *pendrive*? – questiona Frank.

— Meu filho, eu não sou muito inteirado sobre esses novos aparelhos tecnológicos — desculpa-se o professor.

— Pois me permita esclarecer-lhe: um LP – o disco de vinil, também chamado bolachão – que o senhor deve ter escutado muito durante a sua mocidade — comportava, no máximo, quatorze músicas, sendo sete de um lado e sete do outro, correto?

— É isso mesmo, meu filho — o professor tem um gatilho da mocidade ativado.

— E o LP tem o apelido de bolachão pelo seu tamanho, certo?

— Exato. No outro — o pequeno — cabia duas músicas de cada lado. Além disso, como o material era leve, precisava-se ter muito cuidado para não deixar arranhar, pois a qualidade da música ficava comprometida.

— O LP — *long play* — tinha doze polegadas, por isso o chamavam de bolachão — ele se aproxima do professor. – Este aqui é um *pendrive* de 16 GB, professor. Ele consegue armazenar em sua memória mais de três mil músicas...

— Tudo isso, nesse espaçozinho? — espanta-se o professor, que ainda não tem muita intimidade com a nova tecnologia.

— Esses físicos/antropólogos estão totalmente equivocados em relação ao fato de dizerem que crânios grandes são indicativos de maior inteligência. Caso contrário, nós não chamaríamos uma pessoa a quem não reputamos de muito inteligente de "cabeção".

— Eu nunca tinha pensado nisso — fica pensativo o senhor Policarpo. A galera cai na risada, olhando para o Marcos.

— Obrigado, Frank, por seu esclarecimento. Porém, a Sociedade Brasileira de Antropologia, em quase a sua totalidade, também descarta essa teoria...

Os ânimos se acalmam, o que permite ao professor continuar a sua aula.

— A segunda é o Difusionismo Social. Esta defende — em combate ao Difusionismo Biológico — que cada cultura tem a sua evolução particular, tanto na intensidade como na velocidade. Enquanto a primeira defende um crescente geral de toda a humanidade, a segunda defende a individualidade de cada sociedade.

'Aqui se faz uma distinção entre relativização das coisas – capacidade de se analisar algo como objeto de estudo — e tornar as coisas relativas, que é tirar a base das coisas com o passar do tempo.

— Parabéns, professor, pela explicação. Deixe-me ver se eu entendi direito: relativizar é pegar os elementos que nos são apresentados e fazermos uma análise histórica e conjectural de algo ou de uma civilização. Agora, tornar relativo é dizer que o que era não tinha importância, podendo "ser ou não ser". Em francês, "Ça *m'est égal*" *(isto me é igual: tanto faz)*, ou "a isso eu tenho como pouco importante/interessante", jogando-se no terreno do "tanto faz" — conclui Frank.

— Eu é que lhe dou meus parabéns, pois se eu não fui totalmente claro, com essa sua explicação ficou bem mais fácil para a turma... Até pra mim.

Ouve-se o burburinho que confirma as palavras do professor.

— O grande teórico dessa escola se chama Boas.

— De boa na lagoa... — fala Tarquino, que está todo tranquilão na aula.

— De boa... — o professor observa o tom da voz de Tarquino, que fala tipicamente na gíria. – Vamos à terceira escola, a chamada Funcionalismo Social, a qual é encabeçada por Émile Durkheim, que é considerado tanto pai da Sociologia Moderna como da Antropologia...

— O cara teve as duas filhas? — pergunta Tarquino meio que dormindo.

— Senhor Tarquino, agradeço a sua participação na aula. O Durkheim é tido como pai dessas duas áreas do conhecimento porque a Antropologia saiu da Sociologia, tendo a sua história contada à parte, entendeu?

— De boa – responde Tarquino.

— Não, seu Tarquino, essa escola não é do "Boas", mas de Durkheim... – o professor respira fundo e continua. Porém, a galera "racha o bico".

'A defesa dessa escola é que a sociedade deveria trabalhar como um organismo vivo, cada um realizando a sua função específica para o bem de todos. Para isso, tinham que cumprir bem seus papéis tanto a família como a Igreja, a escola e o Estado. Caso alguma dessas instituições falhasse, haveria respingo em todas as demais.

— Professor, mas e a separação entre o Estado e a igreja? — inquire Joana.

— Na visão de Durkheim não deveria acontecer. A sua visão era de um complementando o outro, em que todos sairiam ganhando e a sociedade poderia crescer poderosa e harmoniosamente.

— Acho que por esse prisma esse cara tinha razão — comenta Elisabeth.

— Acredito que possamos extrair um pouco de cada escola — conclui o professor.

'A quarta escola tem o nome de Estruturalismo, de Lévi-Strauss.

— O senhor pode nos dar um exemplo? Aliás, professor, eu nunca pensei que uma aula de Antropologia pudesse ser tão interessante. Meus parabéns, professor — diz Rossana.

— Eu agradeço o interesse e a participação de quase todos na aula. Isso faz com que interajamos e assassinemos a monotonia e monopólio da aula... Sonho de todo bom professor.

'Pois bem. Essa escola acredita que há invariáveis e variáveis. Exemplo de invariáveis: em todas as sociedades há o incesto — que é a relação proibida entre duas pessoas da mesma família —, mas esses aspectos invariáveis são também variáveis... Vejamos: o incesto no Brasil é ligado ao fator consanguíneo. Não se pode casar com irmãos, tios, pais ou outros parentes; já em outros países a proibição não é relativa ao sangue, mas aos papéis sociais que os indivíduos desempenham.

— Professor Policarpo, a sua explicação é nítida como a praia de Porto de Galinhas, em Pernambuco — diz Frank. — Há elementos que são invariáveis, mas que tem na sua subdivisão uma variedade. É como se todos gostassem de esportes como regra, mas uns gostassem de basquetebol, outros de tênis e outros de futebol. – Frank dá uma ênfase na palavra "futebol".

— Não precisa nem dizer qual é o seu esporte preferido, né, Frank? — diz Valdete, cuja companhia de Vânia hoje falhou.

— Com a participação de todos, até me sinto mais empolgado para a continuidade na ministração das aulas. Amanhã, continuaremos.

Comentam no corredor sobre como tinham uma visão antipática do conhecimento, mas descobriram que são os ruins mestres que fizeram com que separassem o prazer do conhecimento.

No dia seguinte...

A aula recomeça no mesmo horário e no mesmo ambiente bom do dia anterior, com todos muito interessados, chegando até no horário... Coisa rara de se ver!

— Professor — chama Tarquino.

— Diga, Tarquino.

— Eu estava pensando naquele "lance" de que todos, família, Estado e igreja, deveriam fazer sua parte. Dessa forma a molecada crescia sem entrar numas "paradas" sem saída... Por que a galera de hoje anda escutando uns "troços" estranhos?

— E você pode dar um exemplo desses "troços"?

— Eu fico meio confuso quando escuto essa tal de ideologia de gênero, por exemplo.

— Confuso com o quê?

— É que meus avós e meus pais tão tudo direitinho: homem, mulher e a filharada... Mas querem dizer que ninguém mais nasce homem ou mulher... Mas eu nasci macho... Será que eu tenho problemas?

— O senhor acha que tem problemas?

— Não. Eu olho pra esses camaradas e não vejo nada de graça, mas eu piro quando olho as "mina...". Professor, Deus caprichou na mulherada; elas são colírios!

— Falar desse assunto hoje é meio delicado... — diz o professor.

— Mas aqui na "facu" a gente pode falar sobre qualquer coisa, né? Afinal, aqui é lugar de se pensar — questiona Tarquino.

— A ideologia de gênero traz uma mexida na estrutura da humanidade, pois antes nunca se falou sobre isso — explica o professor.

— Descobriram essa novidade em alguma faculdade que tem pessoas muito inteligentes, assim como nós? — fala Tarquino inocentemente.

— Professor, que tal dividirmos os termos para melhor compreensão? — fala Frank.

— Explique-se.

— O que é uma ideologia? — pergunta ao professor.

— Ideologia pode ser visa de duas maneiras: pessoalmente, que é a maneira como o sujeito percebe a vida, visão trazida pelo filósofo francês Destutt de Tracy (1754-1836); e a visão marxista, de um sistema elaborado para domínio do povo por meio de uma elaboração teórica.

— Então, não é algo provado em laboratório ou a respeito do qual se encontre uma evidência científica? — Tarquino continua na sua investigação.

— Não... — o próprio professor se espanta com a sua resposta. — Eu não havia pensado nisso.

— O que Adolph Hitler fez para assassinar seis milhões de judeus foi espalhar uma ideologia de que os judeus eram uma raça inferior... Provas? Nenhuma! Apenas o uso da força e da manipulação da mídia da época, evitando qualquer racionalização ou pesquisa sobre o que expunha. Ele foi o primeiro a usar a comunicação em massa. E olha que ele tinha à sua disposição apenas o jornal escrito e o rádio.

— Já imaginou se ele tivesse a internet? Eu acho que ele acabaria com toda a galera do mundo — fala Tarquino.

— Gente, como essa turma é boa — fala o professor.

— Professor, a ideologia de gênero já é algo que não se discute. — Juan fala de maneira como se estivesse encerrando o assunto, lacrando.

— Só quem não entende são pessoas preconceituosas — concorda Adriana.

— Isso não é ciência, professor, mas apenas a simplificação do complexo, utilizando-se de mordaças para calar pessoas que pensem ao contrário — continua Frank, que está tão bravo com o mundo e com ele mesmo, que chega a não ter medo de mais nada. — O que se chama hoje de "lacração" é, na verdade, uma forma de calar os contrários sem lhes dar chance de falar, coisa que parece mais com os déspotas do passado do que com a democracia em que deveríamos viver, num país livre como é o Brasil.

— O que é "lacração"? — questiona o professor.

— É terminar uma discussão sem terminá-la; calar o oponente na base do grito e, se preciso for, usando de pavor, perseguição ou até mesmo a força.

— E existe isso no Brasil? Como fica o artigo 5.º da Constituição Brasileira? — fala o espantado professor.

Os dois interlocutores o olham com desprezo.

— E como o senhor vê a ideologia de gênero, Frank? — instiga o professor.

— Primeiro — como já disse —, são dois termos que devem ser analisados em separado. Ideologia é o que percebo na vida ou uma doutrina para dominar a mente das massas não pensantes; a palavra "gênero", até há pouco tempo, servia unicamente para designar masculino e feminino.

'Até que achem alguma novidade e provem pela ciência séria, e não pela ciência moleque e prostituta, toda essa nomenclatura e tudo o que há a respeito não passa de um grito de pessoas que se assumem para toda a sociedade — saem do armário —, mas que agora estão, covardemente, não se assumindo para si mesmas.

— O que você quer dizer com isso? Você é homofóbico? — irrita-se Adriana.

— Eu tenho muitos amigos homossexuais, e com eles convivo com muito respeito e carinho. Eu os admiro não pelo que eles fazem, mas pela coragem com que assumem o posicionamento que tomaram diante de uma sociedade que é basicamente heterossexual. Além do mais, cada um escolhe o que fazer e deve deixar que os outros escolham seus caminhos. Diga-me, Adriana, alguma vez eu a tratei com rispidez ou com desrespeito?

— Não. Aliás, você é sempre sorridente e simpático com todos — responde Adriana. A moça percebe nas suas próprias palavras, que o termo "homofobia" parece que virou algo obrigatório para ser dito, mesmo com certa irracionalidade.

— A sociedade, finalmente, evoluiu, reconhecendo aquilo sobre o que se fazia de cega... Ideologia de gênero é o entendimento científico e sociológico da necessidade de se viver as desigualdades...Você é um desinformado, pois o percentual de homossexuais é muito grande — desafia Juan.

— Concordo com você, pois o respeito às pessoas é uma obrigação de todos, não uma concessão. Porém, os movimentos querem respeito sem respeitar os que pensam diferente; querem tolerância sendo intolerantes... Tolerância gera tolerância. Sei que muitos dos indivíduos que optaram pela homossexualidade não são de acordo com as leis que querem criar para proverem tais práticas, pois se são naturais – como se defende —, não há necessidade de se ensinar isso às crianças, por exemplo.

'Em relação ao grande número é muito questionável. Onde é mesmo que eles estão? Vou ao shopping e vejo uns dois a cada mil pessoas que encontro... Os casais — homem e mulher — são vistos direto com seus filhos; se vou ao banco é a mesma coisa... Aqui mesmo na sala tem poucos... Esses números são usados pela mídia para impressionar as pessoas — Frank fala com muita firmeza. — É o uso constante da Estatística, cujo papel seria de expor o que acontece, mas que, na maioria das vezes, quer é ditar como a Sociedade deve se portar...

— Você acha que o percentual apresentado de pessoas que se intitulam de homossexuais é exagerado pela mídia? — questiona o professor.

— Deve ser o número catado nas madrugadas e em locais específicos — ironiza Frank. — Se fosse verdade a população mundial já teria dado uma diminuída. Esse esquema todo é parecido com o que fez Alfred Kinsey, um biólogo americano, que criou o mito dos 10%.

— Que mito é esse? — pergunta o professor.

— Ele defendia que 10% dos americanos brancos eram gays. Essa fraude perdurou por uns quarenta anos, até que uma doutora, Judith Reisman, descobriu que a pesquisa dele tinha sido feita no ambiente carcerário com homens que tinham cometido crimes sexuais...

— Mas aí não vale — comenta um aluno no fundão.

— Se uma mentira repetida vinte vezes soa como verdade — como disse o responsável pela mídia do assassino Adolph Hitler —, imagina uma fraude contada durante quarenta anos?

— Professor, eu vou já sair dessa turma — ameaça Juan.

— Por favor, Juan, estamos aqui para um debate — O professor tenta acalmar os ânimos.

Juan e outros ficam olhando com raiva para Frank, mas como este está revoltado com suas atitudes diante de Deus, nenhum olhar ou ameaça podem lhe causar medo.

— Frank, o que você nos tem a dizer sobre ideologia de gênero? — pergunta Tarquino bem tranquilamente.

— A ideologia de gênero começou com um médico que queria provar a sua tese e soube que um dos gêmeos, em uma determinada cidade, teve um problema com o seu piu-piu... — a turma cai na gargalhada.

— Continue, Frank — diz o professor.

— Ele visitou a família dos gêmeos, fez uma análise psicológica e chegou à conclusão de que ele era, psiquicamente, ela...

— Ele era ela? Isso é piração! — interrompe Tarquino.

— A família acreditou e aceitou que o médico fizesse a cirurgia de mudança de sexo. Afinal, ele representava a "ciência"... Assim, o jovem, que se chamava Brian, passou a ser chamado de Brenda... Os anos se passaram, Brenda foi obrigada a usar saia, vestido e brincar com coisas de meninas, mas odiava isso tudo...

— Caramba! Coitado do moleque... — fala tristemente Tarquino.

— Outro médico estranhou o fato de o médico que fez a mudança de sexo do Brian, mudando-lhe o gênero, passando ele a ser chamado de Brenda, ter aparecido muito na mídia, mas ter sumido de vez. Nisso, esse outro médico resolveu visitar a casa do menino que virou menina.

'Ele resolveu examinar 'Brenda', mas descobriu que o que tinham feito com o menino foi uma grande maldade, pois ele era psicológica e fisicamente um menino.

— Diacho! E agora? — Tarquino está muito curioso com o desfecho dessa história.

— O médico resolveu fazer a cirurgia de reconstrução do pênis do Brian...

— Da Brenda? — confunde-se Tarquino.

— Isso mesmo! Ao fazer a cirurgia, o Brian — que obrigaram a virar Brenda. —adotou o nome de Davi...

— Que confusão! — exclama Tarquino.

— A confusão maior já estava instaurada, Tarquino. Davi estava muito revoltado com seus pais, pois ele viveu até quatorze anos enganado... O fim dessa história foi o seguinte: o pai do menino mergulhou no alcoolismo até a morte; a mãe morreu de depressão; o irmão gêmeo morreu de uma overdose; o Brian, que fizeram virar Brenda e que depois se tornou Davi, acabou por se suicidar...

— Parece história de terror — assusta-se Tarquino.

A turma toda está de boca aberta.

— Professor, eu quero deixar bem claro que respeito e tenho muitos amigos homossexuais, é apenas uma opção sexual da pessoa. Agora, apoiar um movimento que quer homossexualizar crianças e afetar tão fortemente as famílias, a este eu tenho indignação.

'Simone de Beauvoir, ao dizer que a mulher não nasce mulher, mas que se torna mulher, se levantou – sem nenhuma base científica – contra a verdadeira ciência, pois sua afirmação foi de encontro com a Biologia – ciência recém-elaborada – e a Psicanálise de Freud. Isso é fruto do existencialismo, o qual defende que nada tem uma essência... Até a idiotice tem uma essência.

'Além disso, eu nunca vi qualquer placa ou notícia de que houvesse um curso para que as mulheres aprendessem a ser mulheres, com a exceção inequívoca da professora Natureza.

'Além do mais, sabe-se que Simone de Beauvoir "adotava" meninas, com as quais mantinha relações sexuais pedófilas, usando essas meninas sexualmente em conjunto com outro de honra suspeita com o qual mantinha uma relação aberta, chamado Paul Sartre, um dos fundadores do existencialismo, que defende que primeiramente se existe e depois se adquire uma essência...

O horário acabou e o clima ficou cheio de interrogações, pois os alunos não conheciam esse lado do nascedouro do que a sociedade rasa de conhecimento tanto defende.

Frank ia passando num corredor quando Juan estava com outras pessoas.

— Este é o homofóbico, gente – apontou-lhes Juan.

Eles começaram a agredir o Frank, tornando o lugar um verdadeiro alvoroço.

— Parem com isso! — grita Adriana, que acaba de chegar ao local.

— Você não viu o que ele disse na turma? Ele é um homofóbico — incita Juan.

— O que ele falou não tem nada de preconceito. Ele deu a sua opinião e o conhecimento a respeito de um assunto... Você é a favor do Regime Militar e do autoritarismo, Juan? — pergunta Adriana.

— Claro que não! Pelo que dizem, os homossexuais eram torturados e as pessoas não podiam falar nada que fosse contrário ao que os militares defendiam — responde Juan.

— E se nós quisermos calar a boca de quem pensa o contrário da gente, não estamos fazendo o mesmo? — há um silêncio. — Se começarmos a agredir quem não pensa igual a nós, Juan, nós estaremos nos igualando aos que tinham o poder e usavam desse poder para amordaçar os que pensavam diferente — conclui Adriana.

— Estou meio confuso, mas acho que você tem razão — gesticula Juan. – Vamos sair daqui — os agressores saem diante do comando.

— Muito obrigado, Adriana. — Frank está um pouco ferido e muito assustado com a reação de Juan e dos que estavam com ele.

— Eu te peço desculpas, pois essa atitude não é aceitável por parte de muitos homossexuais... É que, na busca de sermos respeitados, às vezes queremos silenciar os contrários... Afinal, Narciso acha feio o que não é espelho.

— Eu chego a entender vocês. Porém, o extremo é sempre perigoso. Eu não quis ofender ninguém, mas apenas mostrar que ideologia de gênero não tem base científica. Pelo contrário, é apenas uma frase impactante de uma mulher que tinha práticas de lesbianismo com meninas desamparadas, as quais eram obrigadas a se submeter aos seus estupros. Ela era uma escritora, filósofa existencialista e feminista... e covarde!

'Sua luta pela igualdade salarial das mulheres, do direito a serem vistas em pé de igualdade com os homens é de se respeitar, mas não se pode deixar de questionar o fato de ela defender o existencialismo, que alega que o viver é menos importante que o existir.

'Eu penso o contrário, por exemplo: uma pessoa que se encontra em coma por um longo tempo ainda existe, mas não vive. Eu vejo o viver bem mais precioso que o existir. Eu só não sabia que está tão perigoso ser racional na Pós-Modernidade.

— Me dá aqui tua mão – Adriana ajuda-o a se levantar.

— Valeu, Adriana. Até amanhã.

— Se cuida, meu. A galera hoje está muito agitada, principalmente com o incentivo do LGBTQIAP+, que com tanto bombardeio deixa até a gente sem pensar, aceitando a tudo e embarcando em seus discursos sem sequer olhar o bilhete.

— Grande filósofa.

— Sai daqui, seu doido! — ela lhe dá um leve tapa nas costas.

Chegando à sua casa, Adriana vai ao YouTube procurar sobre ideologia de gênero, assiste aos vídeos e confirma as informações repassadas pelo Frank. Há vários, sendo o mais completo neste link: https://youtu.be/ILn4mXD_Q2Y.

Capítulo 16

Vivendo a verdadeira ditadura em tempos pós-modernos

Frank acorda muito tarde, cansado e ainda com uma dor na perna da queda que levou. Chegou até a sonhar com as agressões daqueles que falam tanto em tolerância, mas que são, na verdade, altamente intolerantes.

Pega o celular e se assusta com o número de mensagens. Em uma delas há o pedido para que ele abra o Instagram.

Curioso, não vai nem escovar os dentes, fica estarrecido com tantas mensagens de pessoas que querem sacrificá-lo; cada uma mais ofensiva que a outra. Ele entende na pele que o artigo 5.º da Constituição está sendo entulhado pelas ideologias.

Ainda meio zonzo, resolve ligar para Priscila.

— Pris, parece que mexi numa casa de marimbondos...

— Frank, mantenha a calma, pois aprendi com minha mãe que a gente não deve pegar em panela quente... — Priscila tenta acalmá-lo. — Outra coisa: não responda aos comentários, pois tudo hoje está sendo observado pelo Sistema. Você já ouviu falar do Olho que tudo vê?

— Eu estou meio assustado, mas não com medo. Você pode vir aqui com Délcio?

— O mais rápido possível estaremos aí. Mas não responda a ninguém, certo?

— Tá bom...

Frank desliga o celular e se joga no sofá.

Não demora muito e Priscila chega com Délcio.

— Eu tô perplexo com a reação dessa galera... Alguns dizem que vão pedir pra faculdade me expulsar, pois eu não posso, com essa mentalidade, cursar Sociologia. Ou seja, a gente está sendo obrigado a pensar como eles querem?! Eu odeio "uniforme"!!!

— Eu já ouvi falar da Ditadura (a primeira que não teve um ditador), por pessoas que viveram naquela época, de que não havia todo esse rigor de que a Mídia tanto fala... Eu até ouvi uma história bem interessante — fala Délcio.

— Conta pra nós, Délcio — pede Priscila.

— Dois amigos saíram para beber. Depois de um tempo, ficaram em bares diferentes e, passadas umas duas horas, um deles aparece sendo levado por dois policiais. O que estava sentado fala para o que estava sendo preso:

— Você já aprontou, brô? Eu não posso te deixar só um instante. O que você fez, irmão?

O bêbado algemado responde:

— Injustiça! Só porque eu disse que eu tinha tanto dinheiro que posso comprar até o presidente — fala com a voz meio embaçada.

O outro, indignado, falou para o companheiro que estava sendo preso:

— Também, irmão, você não pode ter dinheiro que quer comprar qualquer porcaria... — nisso, os policiais levaram os dois presos.

Os dois caem na risada. Frank joga uma almofada na cabeça de Délcio.

— Sempre com piadas...

— O que eu quero dizer, galera, é que aqueles dois policiais representam todo o sistema hoje. Aquilo que a gente fala ou comenta nas redes sociais pode nos levar pra cadeia. Se a turma sofreu na Ditadura, porque era presa quando tinha o azar de ser ouvida por um policial, eu vejo que hoje é que se vive a verdadeira Ditadura — fala Délcio em tom sério.

— O discurso é de tolerância, mas saindo da boca de intolerantes — pensa alto Priscila. — Somos livres como as pessoas da época do fordismo, quando do lançamento do carro por Henry Ford.

— Como assim? — pergunta Délcio.

— Ford dizia: "Você é livre pra escolher o carro que quiser... desde que seja um Ford preto". Ou seja, a democracia da informação — quando todos se tornaram consumidores e produtores de informação — é, na verdade, uma liberdade para que possamos postar qualquer coisa, desde que não seja contra o discurso dos que mandam na mídia.

— Uma falsa liberdade — exclama Frank. — A fake freedom!

— O pior é ver quase todo mundo falando a mesma coisa, mesmo que não concorde, apenas para se sair como "não preconceituoso". Ou "politicamente coreto" — pondera Priscila. — É uma maneira nova de se chamar um covarde, ou um dono de um cérebro não muito dado a pensar.

— Quando eu falei na turma, explicando sobre o nascimento da ideologia — *que é uma visão particular de como se vê a vida ou um instrumento de dominação de massa* — alguns ficaram muito irritados, solicitando ao professor para saírem da turma. E, depois, quando um grupo quis me agredir por falar minha visão — coisa que deveria ser respeitada, principalmente num centro acadêmico — eu fiquei assustado — desabafa Frank.

— A acusação de fobia a tudo aquilo que o sistema quer propagar como verdade faz com que a nossa geração tenha sido definida por um pensador como "aconceituosa", que é a incompetência para gerar um conceito próprio. O pensador conclui que a nossa geração recebeu a "Maldição de Eco..." — Priscila é interrompida por Délcio.

— Maldição de Eco?

— Eu ouvi do Thiago, em uma das aulas na faculdade... — Priscila relatando o mito é interrompida por Frank.

— Safadinho esse deus, não é? — fala Frank.

— Mas um dia sua mulher Hera descobriu... — Délcio a interrompe.

— Xi... A casa caiu pra Zeus, o safadão... — brinca Délcio.

Priscilla continua falando, mas novamente é interrompida por Délcio quando está falando sobre Narciso.

— Esse cara se achava "o cara" — Délcio comenta.

— Depois de se encher com o Narciso, Eco saiu de lá e procurou um lugar isolado, ficando por anos chorando e acabando por virar uma grande montanha. Daí os gregos concluíram que toda vez que se chega a uma montanha e se ouve a própria voz é a voz de Eco, e os respingos de água que sentimos são as suas lágrimas.

— De acordo com esse pensador, o que as pessoas falam não sai de seus pensamentos, por terem se tornado incapacitados de fazer um conceito. Portanto, aconceituosas, valem-se daquilo que circula pelas redes sociais, ecoando as ideias propostas, mas como se fossem suas.

— Puxa, perderam a voz própria do mesmo jeito da Eco — espanta-se Frank.

— Seria correto falar que a nossa geração usa mais os HDs externos que suas próprias CPUs? Consigo até enxergar os cérebros de muitas pessoas cheinhos de teias de aranha... — diz Délcio.

— Na mosca! Muita gente apenas reproduz o que ouve, mas como se tivesse "parido" a ideia, embora não passem de "tios das ideias", ecos reprodutores de fontes, algumas vezes podres, as quais lançam suas ideias/teses/ideologias/teorias como se fossem leis, mas baseadas em coisa nenhuma misturada com o desejo de oprimir a voz interior do homem, levando-o a um cabresto intelectual — termina Priscila.

— Vejam só o que eles estão dizendo nas redes sociais... Cada um tentando ofender mais que o outro. Porém, dá pra perceber que eles apenas repetem o que alguém já disse em outro local... Ecos do sistema — Frank chama os dois.

— As palavras são muito pesadas... Parece que não há limites para se ofender alguém — espanta ao ler um comentário. — Vejam só este comentário... — Délcio está abichornado.

— Temos uma estratégia de guerra única: orarmos e jejuarmos nessa situação, pois maior é o que está em nós do que o que está no mundo — Priscila fala firme.

— Esperem apenas eu tomar meu café, daí a gente começa — fala Frank.

— De jeito nenhum! Aproveite apenas para escovar os dentes... — Délcio pega as coisas que estão na mesa e sai correndo com elas.

— Esse Délcio... Mas dessa vez ele está com razão, Frank. O jejum começa agora.

— Puxa! Logo hoje que tem pão de queijo, que é a minha comida preferida no café da manhã... Mas tudo bem, é uma situação de alto risco; vale qualquer sacrifício. — Frank tenta se convencer e também ao seu estômago de que é necessário esse sacrifício.

— Deixe-me ligar pro pastor Cláudio, pois ele sempre tem uma palavra de sabedoria — Priscila pega seu celular e conversa com o seu pastor.

— O que ele nos aconselha? — pergunta Frank com inquietação.

— Primeiramente, ele me disse um ditado que aprendeu com o avô dele: "Prudência e caldo de galinha não fazem mal a ninguém".

— O que ele quer dizer com isso? — Délcio tá sem entender nada.

— Que não devemos resolver os problemas no calor da hora. Ou seja, devemos nos aquietar um pouco, pois, assim agindo, iremos ver melhor a situação. E disse que vai orar pela situação e pedir à líder do Círculo de Oração para reunir todos para levantar um clamor a respeito desse assunto.

— Então podemos sossegar, tendo a certeza de que, agindo Deus, quem impedirá? — Délcio fala colocando o pé bem em cima do sofá.

— Tira esse pé daí, maluco — puxa a perna do amigo. — Se minha mãe te olhar com o pé no sofá, as agressões que sofri ontem vão parecer carinhos da vovó — Frank olha de um lado para o outro, vendo se sua mãe não entra na sala.

Capítulo 17

O melhor antídoto é o próprio veneno

Thiago chega sem avisar e encontra os amigos com a cara de poucos amigos.

— Você por aqui? — pergunta Priscila com a face meio rosada.

— É que eu soube do terrorismo que estão fazendo com o Frank? Resolvi dar um pulo por aqui, e lhes propor o antídoto.

— E qual seria? — pergunta Délcio.

— Eles, a mídia e quase todos os nossos conhecidos só falam em fobia, mesmo sendo desconhecedores do significado da palavra.

— E qual é o significado? — questiona Délcio.

— Primeiramente, a Pós-Modernidade solicita uma releitura de tudo, inclusive do significado original das palavras, conhecido como "desconstrucionismo". A revolta que nutrem pelo que eles chamam de "arbitrariedade dos signos" é o fato de que uma palavra define um objeto. Tipo: uma cadeira é uma cadeira e tem o nome de cadeira...

— Devo estar muito atrasado no tempo, pois não vejo mal algum em uma cadeira ser chamada de cadeira... — Délcio aproxima-se de uma cadeira e lhe pergunta, com voz de dengo. — Você não gosta desse seu nome não, bebezinha?

— Pois é, Délcio. A revolta do homem contemporâneo é totalmente desprovida de raciocínio, e trouxe uma exigência de ressignificação dos sentidos originais. A ideia, com o tempo, é diminuir a quantidade de palavras que circulam entre as pessoas, o que está alertado no livro *1984*, de George Orwell, em ele classifica de *"novilíngua"*.

— Resumindo... — interpela Frank.

— Com o tempo, já não se pode mais discutir sobre assuntos mais complexos, pois as palavras cairão em desuso, o que trará a morte da linguagem conotativa e o uso exclusivo e seco da linguagem denotativa.

'Hoje, a ressignificação faz com que o que era não seja mais... Por exemplo: fobia significava, racionalmente falando: nojo, aversão, ódio etc. Para você ser considerado um fóbico, teria de ter ódio ao ponto de matar, nojo ao ponto de não poder ficar perto, medo ao ponto de desmaiar diante do que te provoca fobia, medo exagerado de algo ou de alguma situação. Gera no indivíduo uma sensação de terror, pânico, ansiedade, perturbação.

— Então, pra eu ser homofóbico — que é a palavra da moda — eu teria que não suportar e sentir pânico e pavor da presença de pessoas homossexuais, sentindo náuseas em sua presença ou ter ódio ao ponto de matá-las? — Délcio procura esses sentimentos em si, mas não os encontra — Eu não tenho e não conheço qualquer pessoa que tenha isso... O fato de a pessoa não concordar com algo não quer dizer que tenha ódio de quem concorda... Se fosse assim, os flamenguistas matariam os vascaínos e os vascaínos matariam os flamenguistas; os corintianos matariam os palmeirenses, e os palmeirenses matariam os corintianos... No meio de mais de mil pessoas, aparece um que nutre esse tipo de sentimento. Afinal, ninguém é obrigado a gostar do que o outro gosta, mas não tem o direito de matar, desrespeitar ou criticar o diferente.

— Exatamente. Eu aproveitei para fazer uma pesquisa fora dos livros. Perguntei ao meu pai — que tem cinquenta anos — e ele perguntou aos seus amigos de setenta anos se por acaso eles sabiam de algum caso de um homossexual ter sido morto, desprezado ou humilhado pelo fato de ser gay, e todos responderam que os seus colegas que eram homossexuais nas suas épocas de moleques ou tinham relação — porque as mulheres eram bem mais difíceis que hoje (nas palavras deles) —, conviviam "de boa" como amigos ou, no máximo, sorriam das suas atitudes espalhafatosas...

'Um exemplo de gay engraçado era o de Vera Verão. Foi noticiado uma vez que ele foi quase que expulso de um programa de televisão por causa da presença de um religioso e, sendo entrevistado, relatou que o fato já era reincidente, o que configura, sim, homofobia. Porém, no mais, ele era muito amado por todo o Brasil. Quando ele morreu, houve uma tristeza no país inteiro. O cara era engraçado e todos gostavam dele — comenta Thiago.

— Na verdade, no nosso país não há fobia a quase nada. Um exemplo é quando chega qualquer pessoa de qualquer outro país; os brasileiros recebem de braços abertos — conclui Priscila. — Com exceção de um pequeno número, cuja ação é tão ridícula e reprovável que acaba parecendo ser representante do pensamento de todo um povo, o que é uma injustiça e falta de ciência, levando o particular para o geral.

— Com a ressignificação e o desconstrucionismo, a coisa já não é bem assim.

— Como não? — Délcio não entende como uma coisa deixou de ser uma coisa apenas pela vontade de alguns.

— Délcio, a maioria dos brasileiros tem apenas a televisão como fonte de informação — mesmo diante do acesso à internet — e, pra piorar, grande parte assiste apenas ao canal que odeia a verdade, a família, a moral, Deus, Jesus Cristo... Uns jornalistas que envergonham a classe daqueles que fazem o juramento de serem divulgadores dos acontecimentos, e não agentes da pós-verdade. Os seus discursos em prol da morte da verdade é, na realidade, uma campanha contra a figura do Deus encarnado.

— Mas isso não seria JesusCristofobia? — Délcio pensa alto.

— É isso aí, mano. A única fobia real que existe na Pós-Modernidade é contra a pessoa de Jesus Cristo, o qual se apresenta como "A Verdade", num mundo que insiste que não há verdade e que cada um tem direito de fazer a sua própria verdade... E nós podemos aproveitar e fazer um contra-ataque contra todas essas acusações.

— E como seria, Thiago? — pergunta Frank.

— Já que a Modernidade Líquida tem "fobia" contra a verdade, e a verdade é Jesus Cristo, nós vamos convidar uma galera, a mídia e mostrar que não pensamos contra qualquer pessoa que seja, mas somos nós que estamos sendo perseguidos. Como é o que está acontecendo contigo, neste momento, caro Frank, apenas pelo fato de ter expressado as suas opiniões em sala de aula, o que é garantido no artigo 5.º da nossa Constituição e que é pilar de qualquer faculdade/universidade, a discussão respeitosa sobre qualquer assunto, dando espaço e vez aos contrários.

— Podemos marcar um debate no auditório da faculdade, solicitando interventores que conduzam a discussão da forma mais democrática possível — pondera Priscila.

— E quem seriam esses professores, se quase todos estão dominados por esse sistema? — Frank pergunta com certo desânimo.

— Deixem que eu mesmo falo com alguns — fala Thiago com muito entusiasmo.

Nisso, eles ouvem um estrondo na porta.

— O que foi isso? — Délcio pergunta angustiado. — Thiago verifica a situação, mas sem demonstrar desespero, mantendo a calma, deixando os outros sem apavoramento.

— Há um grupo muito exaltado, jogando pedras na casa. Todos nós temos de nos manter longe das janelas e o mais agachados possível — nesse momento, uma pedra perfura a janela de vidro, o que faz com os fragmentos firam levemente Thiago.

Priscila corre, pega uma toalha molhada e limpa a ferida com muito carinho.

— É interessante os homens acharem uma barbárie o fato de os bebês que nascessem com algum defeito físico, no século VI, serem jogados num despenhadeiro pelos espartanos, mas em pleno século XXI estamos acuados e rodeados por pessoas que querem nos ferir, apenas pelo fato de pensarmos diferentemente delas... Sem esquecer que estamos num estado democrático de direito — Thiago fala olhando para o ferimento.

Thiago gosta do toque da garota, o que lhe anestesia a dor e lhe faz sentir apenas seus dedos de seda.

— Hum... hum... — Délcio olha pra eles e diz. — É melhor agacharem pra evitar outro ferimento. Frank já ligou pra polícia e a viatura chega já, já.

— A nossa polícia geralmente custa igual à dos Estados Unidos, que, em todos os filmes, só chega depois de o super-herói ter resolvido todo o problema... Além disso, quando se fala "Já" é porque a coisa acontece em seguida, mas quando se fala "já, já" é porque vai custar. Ou seja, não vai ser imediatamente — filosofa Thiago.

— Tu falas cada coisa louca, mas que faz sentido depois que a gente ouve. O "já" é mais rápido que o "já, já". O que te leva a pensar em tudo isso? — pergunta Frank.

— É uma espécie de "vício". Não consigo parar de queimar neurô-nios, principalmente por ter descoberto que sou a imagem e semelhança do Criador de todas as coisas. Deus deve ter pensado tanto para criar uma beleza e diversidade tão grandes... Veja a beleza e a suavidade de Priscila... Só Deus pra ter tão bom gosto... – Priscila para de fazer o curativo e sai de perto de Thiago.

— Você é muito "sem graça". A gente aqui podendo ser apedrejado e você brincando — diz Priscila, sem conseguir esconder que sua face ficou rosada e rubra ao mesmo tempo.

— Quem disse que estou brincando? — Thiago fala baixinho.

— Vamos deixar de romantismo, pois o nosso filme de agora não é *Romeu e Julieta*, mas sim *Star Wars*... — Frank brinca.

— Não seria "Star Earth", pois estamos na Terra, e não nas estrelas? — comenta Délcio.

— A gente tá na Terra, Délcio, mas esses dois estão pra lá das estrelas... — conclui Frank.

Ouve-se o barulho de várias pedras e gritos de pessoas muito enraivecidas.

A polícia chega e dissipa a multidão.

Os pastores chegam quase que ao mesmo tempo. Todos se abraçam e começam os questionamentos.

— O que houve, Frank? — pergunta o preocupado pastor Rubens.

Frank explica todo o acontecido.

— Então, essas pessoas que pensam diferentemente de nós chegaram ao ponto de exigir tolerância, sendo intolerantes a todos os que não concordem com os seus discursos?! — de preocupado, o pastor Rubens passa à indignação.

— Precisamos entrar com uma representação contra essas pessoas. Já imaginaram se o Frank não tivesse sido ajudado por sua amiga? Aconteceu com o Frank, mas pode ser que venha a acontecer com a Priscila, o Délcio ou qualquer outro que tenha um discurso diferente do deles — pastor Fernandes está assustado. — Será o começo da perseguição à igreja?

— Que perseguição? — pergunta Délcio diante dos olhares assustados de todos.

— Você nunca ouviu falar da perseguição à Igreja nos últimos dias? — questiona pastor Cláudio.

— Não, pastor. Depois que comecei a faculdade, nunca mais assisti à televisão. Quando foi que passou? Em qual canal? Depois vou pesquisar no Google.

Todos ficam mais boquiabertos ainda.

— Vocês devem ser os pastores de *Priscila, Frank e Délcio* — eles concordam com o meneio das cabeças. — Meu nome é Thiago, e eu trago uma proposta a respeito de tudo isso que está acontecendo.

— Prazer, meu filho, meu nome é Cláudio, pastor de Priscila. Estou curioso: qual seria a sua ideia?

— O prazer é todo meu, pastor Cláudio. Primeiramente, quero lhe dizer que o capital bíblico que a Priscila tem é muito grande, e isso com certeza tem a sua participação, pois percebi no senhor muita simpatia e simplicidade.

— Fico feliz em ter esse *feedback* da minha querida ovelha Priscila. Mas qual seria a sua proposta?

— Como vivemos o reino da irracionalidade e da aceitação de tudo — características fortes da Pós-Modernidade —, eu proponho que vocês reúnam as três igrejas e as de outros pastores com quem vocês tenham intimidade e façamos uma passeata contra a JesusCristofobia.

— JesusCristofobia? E o que seria isso? — pergunta pastor Fernandes

— O fato de Jesus Cristo se intitular como "A Verdade" — o que contrasta com a negação da verdade na sociedade contemporânea — traz sobre si uma fobia e/ou preconceito. Ou seja, a minha proposta é que, assim como protestam contra aqueles que defendem a família e a tradição, nós façamos uma marcha protestando contra aqueles que protestam contra a nossa maneira de pensar. Afinal, gentileza gera gentileza; respeito gera respeito; tolerância gera tolerância...

— Seria usar as mesmas armas que estão sendo usadas contra nós — pastor Rubens gosta da ideia.

— Enquanto a nossa Constituição não for alterada, o que não deve custar muito, e que será o ponto-chave para a perseguição à Igreja — olha em direção a Délcio —, temos que usar das armas que estão à nossa disposição.

— E para quando seria esse ato? — pastor Cláudio fala empolgado.

— Depende dos senhores. Se não fosse anacronismo, gostaria que fosse ontem.

— Vou ligar para uns pastores amigos. Ah, peço para os pastores Cláudio e Rubens que façam o mesmo, convidando o maior número possível de pastores para uma reunião amanhã à noite... Pastor Cláudio, a reunião poderia ser no auditório da sua igreja?

— Com o maior prazer — responde o pastor Cláudio.

— Como as coisas já estão mais calmas por aqui, vamos aproveitar e sair — pastor Rubens abraça os quatro jovens.

A campainha toca, fazendo com que quase todos levem mais um susto.

— Calma, senhores, é apenas o rapaz que veio trazer duas pizzas tamanho família para vocês... — o pastor Cláudio dá uma bela gargalhada. — Depois de amanhã nos reuniremos com os pastores e com vocês para prepararmos a nossa marcha contra a JesusCristofobia.

Todos se despedem... Os jovens correm para as pizzas... O jejum ficou para depois...

Capítulo 18

A reunião para a grande marcha

Dois dias depois, os quatro se reúnem com os três pastores.

— Diga-me, Thiago, qual é o nome do seu pastor? — perguntam os pastores.

— Eu estou sem me congregar no momento... — fala meio que sem jeito e com receio do que pensarão os pastores.

— Eu passei um tempo da minha vida sem me congregar, pois o que era pregado nos cultos e ensinado nas escolas bíblicas era insípido e em nada contribuía para a minha fé... Comecei a questionar os meus líderes e fui, educadamente, convidado a sair da igreja. — O desabafo do pastor Cláudio trouxe um alívio a Thiago, e deixou os pastores sem jeito para acusarem o jovem.

— O senhor está falando da sua trajetória eclesiástica ou da minha? — brinca Thiago. — Foi exatamente o que aconteceu comigo e, na verdade, só não deixei a fé porque as minhas raízes eram profundas como um pé de eucalipto — cujas raízes buscam águas que estejam mesmo distantes, e por esse motivo alguns o chamam de "deserto verde".

— Nisso também somos parecidos, pois mesmo sendo "excomungado" da igreja eu não me afastei de Jesus Cristo — pastor Cláudio desabafa.

— Por esse motivo me aproximei do MOVER, grupo que evangeliza nas faculdades, tentando ver se falavam do Evangelho com inteligência ou como pessoas que apenas reproduzem o que ouvem... Um dia fui flagrado pela Priscila e, daí, tive que me aproximar.

'O primeiro passo na minha colaboração pro ensino do Evangelho é essa passeata, mostrando que conhecemos os nossos direitos e, como ninguém pode contradizer ninguém — em face da inexistência da verdade —, disso nos valeremos. Se tudo é preconceito, ninguém pode ir contra o que pensamos...

— Você falou do primeiro passo... E quais seriam os demais? — Cláudio sente que vem coisa boa.

— Será a apresentação, para os nobres pastores, sobre como a ciência séria e a teologia séria se abraçam. Dessa forma, teremos pessoas capazes de ensinar aos nossos jovens sobre as coisas simples e as complexas, as quais são deturpadas nas faculdades...

— Mas há muitos pastores que não têm estudo nesse nível... — lembra o pastor Rubens.

— Eu já tenho uma boa parte do ensino preparada. E creio que todos os pastores conseguirão captar minhas aulas, pois, além de eu ter o dom de ensinar — dado por Deus, a Quem eu dou glórias —, todo homem que é realmente chamado por Deus para a realização da Sua obra é capacitado por Ele.

— Mas o nível que você está propondo vai assustar a muitos líderes... Há deles que mal sabem ler — pastor Rubens está muito apreensivo.

— Sei que sua preocupação é pertinente, pastor Rubens... Eu andei por muitas igrejas fazendo uma espécie de investigação, chegando a ver coisas de arrepiar, mas também vi que a grande maioria fala com o coração. Só falta acrescentar o falar com o entendimento a que o Evangelho nos convida em Romanos 12.

'O que mais me anima nisso é saber que Deus está no controle, e que todos os Seus servos têm o princípio da sabedoria. Como diz um ditado atribuído a Buda ou Lao-Tsé, "toda jornada, independentemente de sua distância, começa com o primeiro passo". E o mais tranquilizador é falar das coisas naturais para os que já entenderam o sobrenatural.

— E quando a gente começa? — pastor Cláudio fala animadamente.

— A marcha pode ser feita no final do mês — Thiago tá sentindo águas jorrando do seu interior.

— Eu me encarrego da mídia — diz Priscila. — Eu falo com Larissa, que é minha amiga e é craque nisso, pois trabalha há muito tempo nessa área. Garanto que até o final da semana a cidade não falará de outra coisa.

— Eu me encarrego de conseguir a autorização para a realização da marcha — anima-se pastor Rubens.

— Eu proponho que oremos ao Senhor, pois tudo aquilo que interessa a Ele acontece sem que ninguém nem nada possam atrapalhar — propõe Priscila

— Lembrei-me da música que é lema dos Batistas Nacionais: "Ninguém detém, é Obra Santa... Nem Satã nem o mundo todo podem apagar esse ardor... Ninguém detém, é Obra Santa. Essa causa é do Senhor". Mais ou menos assim — tenta cantar pastor Rubens, que desiste e apenas declama a segunda parte.

Quase todos oram com muita fé e fervor.

Terminada a reunião, os quatro jovens vão comemorar na pizzaria.

Capítulo 19

A preparação

Todos se empenham nas suas tarefas para que nada saia errado. Larissa, a amiga de Priscila, caprichou tanto na mídia que todos perguntavam como eles teriam dinheiro para pagar um trabalho bem-feito, mas ela cobrou nada, pois tem um coração missionário.

O pastor Rubens e o pastor Jouberth conseguiram a autorização, e a prefeitura deu todas as condições para que o trânsito fosse desviado do trajeto da marcha.

Thiago fez reunião com o máximo de pessoas que pôde, a fim de ensinar sobre o artigo 5.º da Constituição, o qual garante:

Art. 5º Todos são iguais perante a lei, sem distinção de qualquer natureza, garantindo-se aos brasileiros e aos estrangeiros residentes no País a inviolabilidade do direito à vida, à liberdade, à igualdade, à segurança e à propriedade, nos termos seguintes:

Ressaltando:

VI – é inviolável a liberdade de consciência e de crença, sendo assegurado o livre exercício dos cultos religiosos e garantida, na forma da lei, a proteção aos locais de cultos e a suas liturgias.

Capítulo 20

O dia da marcha contra a JesusCristofobia

As igrejas todas estão unidas como nunca se registrara antes. Cada uma à sua maneira, mas todas com o propósito de defender a bandeira "SOMENTE JESUS CRISTO". A abreviação ficou: JCFOBIA. Acrescentam-se algumas faixas com a expressão: "Abaixo a Bibliofobia!".

Os pastores de todas as denominações têm a oportunidade de discursar. O colegiado de pastores escolheu pastor Jouberth como dirigente, principalmente pela sua larga experiência em marchas em sua cidade.

A multidão impressiona os jornais do mundo todo, e a solicitação de respeito pela crença unicamente em Jesus Cristo causa grande impacto.

Pastor Jouberth encerra a marcha com as seguintes palavras:

— O homem vive o momento livre, no qual pode expor suas opiniões, sendo amparado pelo artigo 5.º da Constituição Federal, o que faz com que a grandeza do Brasil coadune com as grandes crenças, sendo cada um o escolhedor de em quem quer crer. Nós cremos única e exclusivamente na pessoa bendita de Jesus Cristo, que para nós é a encarnação (Jesus) de Deus (Cristo) para resgatar a Sua criação. Jesus Cristo é o nosso único e suficiente salvador.

'Assim como qualquer movimento religioso merece o respeito por sua escolha, da mesma forma solicitamos, neste dia, que parem de ter JesusCristofobia, deixando de nos odiar simplesmente pelo fato de termos a nossa fé definida. Em nada condenamos as outras religiões, mas temos Jesus Cristo como acima das religiões, e o único que é O caminho, A verdade e A vida.

'Deus abençoe o Brasil e a democracia. E viva a liberdade de crenças!!!

Todos cantam o louvor:

"Ao único que é digno de receber a honra e a glória, a força e o poder,

Ao Rei eterno, imortal, invisível, mas real,
A Ele ministramos o louvor.

Coroamos a Ti, ó Rei Jesus"

Terminada a marcha, todos voltam com muito entusiasmo, indo cada um de volta *à sua casa.*

O povo de Deus unido numa grande multidão assombra a cidade ao ver a não necessidade de policiamento, tendo em vista que toda a marcha ocorre sem sequer um incidente.

Capítulo 21

A primeira ministração de Thiago aos pastores

As pessoas se sentam no grande auditório. Tem crente de todo jeito, o que dá para ver pelas vestimentas que vão das esportivas às mais finas e elegantes.

O pastor presidente faz uma fervorosa oração, passando logo depois o microfone ao pastor Rubens. Este, por sua vez, fala sobre o propósito da reunião em um discurso breve, direto e com autoridade, dando, inclusive, o testemunho de como sofreu por ter entrado numa faculdade sem nunca ter ouvido falar de pessoas que são inimigas ferrenhas do Evangelho e seus sofismas.

— Hoje, creio que Deus está nos presenteando com a oportunidade de reparar um buraco que temos deixado nos ensinamentos em nossas escolas bíblicas. Tudo deve ser debatido, pois Jesus Cristo é A Verdade, e a verdade não tem medo de exposição e confronto, pois sempre vencerá a mentira por nocaute.

'Foi esse conhecimento de Deus e das coisas que permeiam a sociedade que provavelmente ajudou a Daniel e outros a não se deixarem levar por esse esquema mundano e demoníaco.

'O demônio só vence onde imperam a ignorância a respeito de Deus e a utilização da ciência moleca. Um amigo me disse uma frase do pensador francês Louis Pasteur: "Um pouco de ciência nos afasta de Deus; muito, nos aproxima". Ou seja, um cientistazinho encontrará aparentes coisas científicas que neguem a existência de Deus, mas o homem que busca o conhecimento em sua profundidade, seriedade e veracidade encontrará a impossibilidade da inexistência de um Criador em uma criação tão perfeita.

'Vi uma frase nas redes sociais que diz sobre uma imagem das galáxias, de G. K. Chesterton:

PARA UM ATEU, O UNIVERSO É A OBRA MAIS SUBLIME JÁ ELABORADA POR NINGUÉM.

A plateia cai na gargalhada.

'Eu vou chamar um jovem que tem conhecimento nas áreas da teologia e das ciências. Em suas próprias palavras, ele diz que, se conhecer o Senhor Jesus Cristo, o homem verá como são pequenas as coisas deste mundo... Já falei mais que menino que tomava água no chocalho — a igreja toda ri. — Quero chamar, para esse nosso primeiro encontro, o jovem Thiago.

Não há aplauso... Olhares assustados e outros descrentes. Há muitos pastores, inclusive os que eram das igrejas de onde o jovem fora "excomungado".

Thiago é novo, mas os sofrimentos que a vida lhe trouxe fizeram com que ele se tornasse resiliente, sabendo lidar com altas temperaturas com um controle admirável.

— Boa noite, graça e paz e a paz do Senhor.

A saudação do jovem abrange a todos os que estão no recinto.

— Quero, primeiramente, agradecer a Deus por estar aqui e por ter essa plateia tão rica de homens santos, capazes e formadores de opinião.

'Certamente que deve pairar uma pergunta em algumas mentes aqui: "O que esse rapaz poderia fazer em prol do Reino de Deus?". Aliás, desejo ardentemente que essa seja a única motivação que trouxe cada um dos senhores a essa reunião. Caso contrário, sairão decepcionados, pois o que trago é algo que Deus colocou dentro da minha mente... Eu até achava impossível um dia poder expor, mas o Todo-Poderoso mostra mais uma vez que, agindo Ele, quem poderá impedir?

'Gostaria de tranquilizá-los: não trago nenhuma doutrina nova — Gálatas 1:8 diz: *"Mas ainda que nós ou um anjo do Céu pregue um evangelho diferente daquele que lhes pregamos, que seja amaldiçoado!"* —, e muito menos tenho a intenção de mudar as revistas das Escolas Bíblicas, pois elas são excelentes...

— Então, qual é a sua pretensão, meu rapaz? — pergunta um pastor vestido por um terno intimidador.

— Boa pergunta, senhor. A minha intenção é inserir nas escolas bíblicas pessoas, filosofias e áreas afins que são muito famosas no mundo acadêmico — nas faculdades e universidades —, fazendo com que os nossos irmãos desde cedo conheçam esses homens sobre o olhar mais crítico, pois eles são apresentados nesses ambientes como se fossem verdadeiros deuses.

'Só para dar um exemplo: um homem chamado Nietzsche, que era filho e neto de pastores, é um dos maiores inimigos do Evangelho para os estudantes que entram nas faculdades/universidades...

— Mas como tendo sido ensinado no Caminho, chegou a se desviar e até se tornar um inimigo do Evangelho? — questiona um pastor pentecostal.

— A Bíblia diz para que a criança seja ensinada "no" Caminho, mas talvez a Nietzsche tenha sido ensinado apenas "o" Caminho...

— E qual é a diferença? — a primeira pergunta anima outro pastor a fazer indagação.

— Antes de responder, quero dizer que fico feliz na participação de vocês, Quero, inclusive, incentivá-los a perguntar sobre qualquer coisa que não fique bem clara.

'Ensinar "o" caminho é dizer à criança, por exemplo: "Menino, leia a Bíblia", ou "Menino, vá orar", ou ainda: "Menino, você tem que ir à igreja". Agora, quando se ensina "no" caminho, os pais ou as pessoas responsáveis mudam as frases para: "Meu filho, vamos ler a Bíblia", ou "Meu querido, vamos orar". Ou, ainda, "Meu amor, estou tão feliz, pois está na hora de irmos à igreja".

— Entendi, meu rapaz. Quando se ensina apenas "o" caminho, a gente não está indo junto, mas quando se ensina "no" caminho, a gente vai junto. Desse jeito, somam-se a teoria e a prática... — resume o pastor Edivaldo.

— Você quer trazer esse ensino em um nível muito alto para a maioria dos colegas, pois eles não tiveram oportunidade de estudar. Como fazer com que eles entendam de coisas de nível superior quando alguns não fizeram mais que o fundamental? — pergunta um elegante e eloquente pastor.

— O senhor tem razão na sua preocupação, mas temos aqui nesse ambiente as pessoas mais sábias possíveis, pois todos têm o princípio da sabedoria, conforme Provérbios 9:10, o que já os qualifica para entender as coisas do alto; imagina as que são da Terra. Lembremos que Jesus Cristo disse a Nicodemos: "Se não entendes das coisas terrenas, como poderás entender das espirituais?".

'O Evangelho deixou os judeus escandalizados e os gregos achando que era loucura. Baseado em I Coríntios 1:18-25, há a garantia de que aqui nessa noite estão reunidas as mentes mais brilhantes possível. Há um grande alvoroço. Os pastores irrompem em louvores, aplausos e até falam em línguas estranhas.

— E Deus, meus amados, escolheu as coisas fracas desse mundo para envergonhar as fortes; as coisas que não são para reduzir a nada as que são, no intuito de que ninguém se glorie em Sua presença... Texto citado em I Coríntios 1:27-29.

'Mais alguma pergunta? Caso não, eu gostaria de terminar com uma pequena história esse nosso primeiro encontro que, queira Deus, será o primeiro de muitos.

— Meu jovem, eu sei que o sonho é combustível natural dos jovens, mas você tem a consciência de que está entrando num ringue muito perigoso? Lutas virão que vão lhe deixar arrepiado. A batalha não é apenas filosófica ou acadêmica, sendo acima de tudo espiritual — alerta pastor Wilson, que tramita entre o conhecimento científico e o espiritual.

'O seu propósito é nobilíssimo, e quero deixar de antemão o meu total apoio.

'Pergunta: sabes em que estás te metendo? — pergunta pastor Wilson.

Há um silêncio por uns instantes.

— Eu não sei exatamente o tamanho da luta e dos gigantes, pastor Wilson. Porém, conheci um grupo de fé na faculdade. São pessoas que não fazem da fé e do conhecimento dois inimigos, mas sim dois aliados... O mundo espiritual me foi trazido de volta — porque algumas vezes sofremos de Alzheimer espiritual — muito por meio da minha convivência com a Priscila, que é uma moça que vive em oração e anda na dependência de Deus. Acho que era o que me faltava, primeiramente para me curar das decepções encontradas em tantas igrejas e me preparar para uma didática que atinja a todos aqueles que desejem ter, adicionado à sua fé, o conhecimento.

— Satisfeito com a sua resposta — diz pastor Wilson.

— Gostaria de encerrar esse nosso primeiro encontro — que Deus permita que seja apenas o primeiro de muitos, como já disse — com uma pequena história, principalmente para aqueles que talvez se achem incapazes de acompanhar o programa que iremos desenvolver, assim que for marcada a nossa primeira aula.

'No Mundo Antigo, havia somente uma maneira de se ser conhecido e reconhecido, que era a oratória. Oratória nada mais é do que isso que os senhores fazem todos os dias em suas igrejas, ou seja, é a arte de falar em público.

'Havia um homem que desejava muito trilhar esse caminho, mas ele tinha três problemas que dificultavam ou quase tornavam impossível o seu sonho de ser um orador: ele era gago, tinha o cacoete de ficar levantando os ombros e, pra piorar, o coitado era tímido.

'Mas quem pensa que ele desistiu está totalmente equivocado. Esse homem raspou apenas uma parte do cabelo da cabeça, o que faria com que ele não tivesse coragem de voltar pra cidade, indo para um lugar deserto à beira de um rio.

'Conta-se que ele colocava pedrinhas embaixo da língua e ficava treinando. As pedras faziam sua boca sangrar, mas isso não o fazia perder o foco: ele queria saber falar em público. Seu duro treinamento fez com que ele vencesse a gagueira, sendo a sua primeira vitória.

'O cacoete iria fazer sua plateia desconcentrar, pois seu ombro ficava subindo e descendo. Ele teve uma ideia: em frente a um grande espelho ele amarrou uma espada e ficou discursando — já livre da gagueira —, mas com aquele gesto repetitivo. Toda vez que o seu ombro levantava, encontrava uma afiada espada que o levava a sangrar... — ele ouve uns sussurros na plateia. — No entanto, quem achou que ele iria desistir do seu sonho errou novamente, pois ele continuou até que a natureza vencesse o cacoete. Então o ombro, já não aguentando aquele fio fino da espada, começou a se aquietar e nosso amigo se livrou — a duras penas. — do seu segundo impedimento que lhe dificultava seguir e falar às multidões.

'Dois terços de sua luta vencida, mas ainda lhe faltava vencer a inibição... Ele pensou bem e, como era de família rica, chamou Sátiro – que era tão livre e engraçado ao falar, que a palavra "sátira" virou sinônimo de graça e piada — para ensiná-lo essa arte e, depois de um tempo — pra encurtar a história —, o homem que se isolou com gagueira, cacoete e timidez volta para a cidade e se torna — para alguns — o maior orador da Antiguidade. Seu nome era Demóstenes.

Muitos estão boquiabertos diante desse fabuloso testemunho.

— Senhores, cada um de vocês pode se tornar um propagador dessa verdade que queremos apresentar para os nossos jovens, acabando com a absurda estatística de que 56% dos jovens crentes que entram numa faculdade ou universidade no Brasil acabam por negar a fé e começar a andar por um caminho que lhes parece direito, mas que seu fim é a morte.

Alguém levanta a mão:

— O preço que ele pagou foi bem alto, meu jovem.

— Por isso, irmãos, que todos os conhecimentos estão interligados, e é o que quero mostrar tanto para vocês — como eclesiásticos — como para os acadêmicos. Veja só esse exemplo: Demóstenes, certamente, pensou muito em desistir, pois nossa mente é formada por desejos, sentimentos e vontades, mas todos eles são iguais a uma gangorra, subindo e descendo... Daí, assim como para Demóstenes vencer todos os monstros que estavam entre a maneira que ele era e a maneira que ele sonhava em ser, nem sentimento, nem desejo e nem vontade eram combustíveis para superar... — ele é interrompido.

— Ele precisou se esforçar muito — diz um pastor.

— Exatamente... Isso lembra alguma passagem bíblica? — pergunta o jovem palestrante.

— Mateus 11:12: "Desde os dias de João Batista até os dias de hoje, o Reino de Deus é tomado por esforço... E aqueles que se esforçam se apoderam dele" — responde pastor Rubens.

— Vejam, senhores, nós temos o princípio da sabedoria. Tanto Demóstenes como qualquer um de nós temos muitos gigantes para vencer, e só conseguiremos se nos esforçarmos. Logo, a Bíblia norteia e responde a toda e qualquer pergunta de qualquer pessoa em qualquer área.

— Assim, parece fácil... — fala um diácono.

— Todos os segredos da sabedoria estão escondidos em Jesus, e aquele que não tem sabedoria peça a Ele que Ele dá... Eu peço todo dia — fala Thiago com empolgação.

— Mas você é tão cheio do conhecimento — fala o diácono.

— Meu irmão, eu fico com a Palavra que diz que nem olhos viram, nem ouvidos ouviram, nem jamais penetrou no coração do homem aquilo que Deus tem reservado para aqueles que o amam, conforme I Coríntios 2:9 — o auditório irrompe em aplausos e glória a Deus...

'Como eu prometi, termino agora a minha fala de hoje, e devolvo a palavra ao pastor Rubens. Quero agradecer a oportunidade e a atenção de cada um dos senhores.

A saída de Thiago foi bem diferente de sua entrada. Agora, todos aplaudem o jovem, que sai timidamente ao devolver o microfone.

— Meus amados irmãos, eu tive uma conversa bem demorada com esse jovem antes de apresentá-lo a vocês. Creio que Deus o usará muito nessa geração. O meu apoio ele tem, e o dos senhores? — faz um apanhado o pastor Rubens.

— Amém! — todos falam ao mesmo tempo.

— Vou chamar minha esposa para fazer uma oração, pedindo a Deus que seja feita a Sua vontade entre nós, e que o preconceito não tome conta de mentes que se acostumaram a meias verdades, pois o preconceito é um ensurdecedor, que faz com que não escutemos a voz do outro.

A esposa do pastor Rubens ora fervorosamente, trazendo uma paz e uma esperança ao ambiente.

— Agradeço a confiança em nossa indicação e a presença de cada um dos senhores. Peço ao pastor Jouberth que faça a oração final da nossa reunião.

— Que o Senhor te abençoe e te guarde; que o Senhor faça resplandecer o Seu rosto sobre ti, e tenha misericórdia de ti — ora pastor Jouberth.

— Avisaremos a data da próxima reunião. Fiquem com Deus e boa noite a todos — despede-se o pastor Rubens.

Começa o burburinho normal que sucede a todo final de reunião.

— Você não acha que isso é uma heresia? — pergunta um pastor a outro.

— Eu acho que devemos, primeiramente, ouvir o que vem do novo, tendo a certeza de que se for de Deus permanecerá, mas, se não for, se dissipará no teste da vida, pois a mentira não suporta a prova do tempo — o pastor Reinaldo fala com mais clareza em relação ao que é proposto.

Todos saem esgotados física e emocionalmente. Quanto ao espiritual, é o início do travamento de uma luta de que pouco se sabe onde pode chegar e de qual intensidade será.

Capítulo 22

O começo da confecção do arcabouço teórico e da explicação prática

— Como você pretende trazer esse seu conhecimento científico de uma forma simples, que seja capaz de atingir todo esse distinto público? — pergunta Priscila.

— Eu entendo a preocupação de vocês... Será que dá pra imaginar a apreensão e desconfiança que cada pastor está sentindo em relação à minha proposta, principalmente os pastores mais conservadores?

— Você está preparado para enfrentar essa batalha? — questiona Priscila.

— O que você acha?

— Eu confio na sua capacidade.

— Ouvindo suas palavras, eu me sinto fortalecido para enfrentar qualquer adversário que entre no ringue.

— E quando será a próxima reunião para tratar do assunto? — fala Délcio com um sorriso disfarçado.

— Amanhã, durante uma escola bíblica que será realizada no salão maior da maior igreja da região e com a participação maciça dos jovens — ele responde meio que encarando o amigo.

— Que legal! — exclama Frank.

— Quero observar os que podem servir como multiplicadores das ideias — diz Thiago.

— Vamos dormir mais cedo para termos uma noite boa de sono e aplicarmos os ensinamentos amanhã — a moça fala com voz meiga, mas autoritária (misto que só mulher tem).

— Poxa, Priscila, não podemos comer pelo menos um hambúrguer? — solicita Délcio.

— Hoje não; hoje não... Bora dormir cedo para nos preparar para amanhã — conclui Priscila

— A gente precisa se encontrar uma hora antes para treinar uns esquetes. Nesse formato, as palestras se tornam mais ilustrativas e atrativas, pois jovens são muito atraídos pelo visual, além de trazer melhor compreensão para o maior número possível de pessoas que estarão no auditório... O bom mesmo é que a todos nos façamos claros.

— Shalom a todos.

Sem mais discutir, todos vão para suas casas.

A noite custa a passar, quase todo mundo madruga porque ninguém conseguiu fugir da boa ansiedade que tomou conta deles, principalmente de Thiago.

O encontro é quase duas horas antes. Thiago aproveita para ensaiar uns esquetes, utilizando-se da descontração dos dois amigos e da inteligência e foco da moça.

Chegam ao ginásio lotado — entreolham-se e engolem seco.

O pastor ora e Priscila coloca dois louvores de adoração, tornando o clima espiritual e os corações preparados para esse primeiro *round* de sabe-se lá de quantos...

Alguns pastores se infiltraram entre os jovens para sondar sobre esse ensinamento que está sendo proposto para ser inserido nas escolas bíblicas.

O microfone é passado a Thiago.

— A paz do Senhor, irmãos. Valeu mesmo por terem vindo.

'No livro de Provérbios 1:7 diz que o princípio da sabedoria é o temor a Deus. Logo, todos os que se encontram neste lugar são sábios e potencialmente mais sábios ainda... — os jovens escutam, mas com o semblante gelado como o inverno europeu.

'O conhecimento é visto por muitos estudiosos como que dividido em cinco gomos, como os de uma laranja, os quais são: científico, filosófico, empírico, teológico e senso comum.

— O conhecimento ensinado nas igrejas é algo reconhecido pela Ciência? — pergunta um jovem com o tom de surpresa.

— Excelente pergunta. Como te chamas?

— Fabrício.

— Obrigado pela pergunta que dará o norte para esse nosso primeiro diálogo, Fabrício. Aproveito para pedir que fiquem à vontade pra perguntar sempre que pintar uma dúvida.

'Essa junção de conhecimentos é necessária para que o conhecer não se torne amputado...

'Inclusive, quando o papa Júlio II mandou cobrir as paredes dos aposentos pertencentes ao papa Alessandro VI — que tinha seu nome secular Rodrigo Borja, e era pai de Lucrécia Borja (moça de não boa fama) — chamou o renomado pintor Rafael. O trabalho durou 16 anos, sendo que nem o papa em Rafael viram sua conclusão. Porém, os discípulos seguiram com a obra até o final.

'A finalidade do pontífice era que Rafael retratasse a verdade, o que o pintor fez com muita engenhosidade, pois ele elaborou a verdade sobre um ângulo de 360°, distribuindo-a ou dizendo fazer-se necessário para seu conhecimento completo uma análise nas esferas do Direito, da Filosofia, da Poesia e da Teologia.

— Mas os professores sempre debocham dos crentes por falarem na Bíblia. Como você diz que eles respeitam o conhecimento que fala de Deus em um ambiente dominado pelo ateísmo? — uma moça de temperamento forte interrompe o palestrante.

— Você tem toda razão, pois isso é o que acontece em quase todos os ambientes acadêmicos, começando desde os primeiros anos letivos até a faculdade...

— Então...

— Qual é seu nome?

— Maria Rita, estudante de direito.

— O conhecimento traz o poder e o desconhecimento é como a kriptonita para o Super-Homem. Ou seja, o desconhecimento dos ignorantes os torna muito fracos e suscetíveis aos que detêm o poder da fala. Inclusive, essas pessoas se utilizam muito da intimidação, deixando cristãos de cabeça baixa por não saberem dialogar.

'O valor que tem o conhecimento teológico em toda a história não pode ser desconsiderado, a não ser por pessoas que se julgam levadas pela razão, mas que desconhecem um percentual mínimo do asfalto que pavimentou o conhecimento desde os primórdios da filosofia. Além do fato de que quase todos os grandes pensadores e inventores foram teólogos ou pescaram, no rio da teologia, parte de suas ideias.

'Alguns se destacaram, por exemplo: Karl Barth, cuja teologia ultrapassa os muros acadêmicos e se incorpora à cultura; Dietrich Bonhoeffer, pastor luterano que lutava contra o nazismo de Adolph Hitler; René Descartes, que juntou uma salada de conhecimentos, desde a metafísica até a matemática, sendo conhecido até como o fundador da filosofia e matemática modernas; Isaac Newton, que, além de teólogo, foi filósofo, astrônomo, cientista e outras coisas mais, tendo as suas três leis superconhecidas.

'Eu poderia continuar, mas a minha "pesca" tá acabando... — o auditório todo começa a sorrir. — Thiago mostra seu papel.

'Quero terminar minha lista com Max Weber, um cristão alemão que demonstrou a importância da teologia e da fé cristã até mesmo para o desenvolvimento do trabalho, tendo em vista a obediência dos crentes perante suas autoridades, o que facilitava o capitalismo, e ele descreveu no seu livro Ética protestante no trabalho. Ele foi jurista, economista e sociólogo... Respeito às autoridades embasado em Romanos, capítulo treze, que diz que toda autoridade procede de Deus.

— Quer dizer que essas pessoas que estão nas faculdades e "fazem pouco" dos crentes são, na verdade, grandes ignorantes da História e da importância da Teologia para a sociedade? — reage Ana Rita.

— Além disso, Ana Rita, como eu disse no começo da fala, respondendo ao Fabrício — que participou com uma pergunta bem bacana —, o verdadeiro ambiente que pode se julgar acadêmico tem de ter esses cinco conhecimentos: científico, que é aquilo que se organiza em método e pode ser observado e reproduzido em laboratório; filosófico, que é o que nasce no mundo das ideias; empírico, que vem pela experimentação; teológico, que é o estudo da metafísica, que é tudo o que não pode ser observado na matéria; e, também, o senso comum, o qual é passado de geração a geração, geralmente apenas pela conversa informal entre pais e filhos.

— Eu nunca pensei que a Palavra de Deus fosse vista como ciência — revela Fabrício.

— Eu nunca soube que homens tão intelectuais e que fazem parte da História acreditassem em Deus, e que tinham base e respeito nos meios acadêmicos — desabafa Ana Rita.

— Fico feliz com o resultado desse nosso primeiro bate-papo. Vamos abrir um grupo no WhatsApp e qualquer dúvida que pintar, basta perguntar.

'A gente fica por aqui, pois eu não quero cansá-los... — ouve-se um "ah...".

— Eu quero agradecer a presença de todos e vamos tocar um hino para encerrar nossa reunião — fala Priscila.

A música escolhida é "Espelhos Mágicos", do grupo Oficina G3.

Thiago chama num cantinho Fabrício e Ana Rita, os quais ele elege como os dois primeiros do seu time de formadores de opinião.

— Então, eu quero saber se a gente pode caminhar junto, pois precisamos de pessoas que queiram aprender e espalhar esse conhecimento — Thiago fala firme.

— Eu quero um tempo pra pensar. Pode ser? — responde Fabricio.

— Sem problema, irmão. Você tem o tempo que precisar. Não esquenta — Thiago fala mansamente, o que deixa Fabricio tranquilo. Ele se vira para Ana Rita e pergunta. — E você, doutora Ana Rita, o que me diz? Precisa de um tempo também?

— Eu não quero tempo coisa nenhuma... Para mexer com tudo isso: a cabeça dos nossos pastores, brigar com os professores, querendo que eles venham conhecer uma verdade de que eles debocham... Essa briga é para cachorro grande — a fala de Ana Rita deixa Thiago meio desgostoso.

'Tô dentro, parça!" — ela fala com um sorriso e oferecendo a mão fechada para selar a aliança.

— Você me deu um baita de um susto... — ele sela a aliança, mas seu coração ainda pulsa muito acelerado.

Eles se despedem. Thiago fica paralisado e a turma se aproxima.

— Galera, o papo tava tão bom que a gente nem apresentou os esquetes... Fica pra próxima... Eu já tava no clima — Délcio na empolgação não percebe a feição de Thiago.

— O que houve, siô? — pergunta Frank.

— O Fabricio declinou, e eu pensei que a Rita também não iria topar, mas ela disse que está dentro.

— Ainda bem, meu amor... — todos param e ficam olhando para Priscila; ela fica toda corada e tenta disfarçar. — Força de expressão... Se vocês me dão licença?! — ela sai em disparada.

Os três ficam se olhando boquiabertos e em silêncio por uns instantes.

— Tá com a bola toda, hein *mermão*? — Délcio fala e dá um leve empurrão nas costas de Thiago, e depois se apoia no amigo.

— Não é nada disso. Foi... Força de expressão... É isso! — fala com a voz trêmula.

— Gaguejoooou! — Délcio fala cheio de sarcasmo.

— Peraí, que eu vou te mostrar quem vai gaguejar... — Délcio empurra Frank em cima de Thiago e corre. Ele aumenta o ritmo depois que vê que está sendo perseguido.

Depois Frank consegue alcançar o cansado perseguidor, Thiago.

— Não liga não, é que o Délcio é sempre brincalhão assim — ele não consegue disfarçar o riso.

— Você também?! — Thiago olha seriamente.

— Calma, irmão. Se você correr atrás de mim, pode até ter um infarto — põe o ouvido no coração do amigo e emenda. — Cara, teu coração tá muito acelerado — antes da reação do amigo, Frank o abraça e sai andando com ele.

Capítulo 23

Segunda reunião – um clima menos tenso

Os pastores já não estão tão armados e também o jovem palestrante não está mais tão tenso. Essa combinação faz com que o clima se torne bem mais arrefecido.

— A paz do senhor, e a graça e paz a todos — o auditório responde cada um na saudação que mais lhe é corriqueira.

Priscilla aparece no fundo do salão. Ela não conseguiu ir ao encontro da turma; apenas mandou uma mensagem pelo WhatsApp dizendo que se sentia indisposta. Thiago engoliu seco quando a viu. Ele se livrou de uma tensão, mas encontra-se agora em outra.

Por ser muito focado na sua missão, deixou o nervosismo de lado, pois sua missão é mais importante que seus sentimentos.

— Vamos ler a Palavra na carta do apóstolo João, capítulo 15, os versículos 18 a 21, na Nova Tradução da Bíblia na Linguagem de Hoje (NTLH), que diz:

Se o mundo odeia vocês, lembrem que ele me odiou primeiro. Se vocês fossem do mundo, o mundo os amaria por vocês serem dele. Mas Eu os escolhi entre as pessoas do mundo, e vocês não são mais dele. Por isso o mundo odeia vocês. Lembre do que eu disse: "O empregado não é mais importante do que o patrão". Se as pessoas que são do mundo me perseguiram, também perseguirão vocês; se elas obedeceram aos meus mandamentos, também obedecerão aos ensinamentos de vocês. Por causa de mim, essas pessoas vão lhe fazer tudo isso porque não conhecem aquele que me enviou.

'Alguns crentes estão querendo a amizade do mundo, desejando ser "politicamente corretos", o que não é de todo mal, pois temos de amar e respeitar todas as pessoas, sem exceção. Porém, quando se coadunam ao sistema, o qual pertence a Satanás, alguns cristãos deixam de falar da Palavra, calando-se para agradar seus amigos ou familiares... Como ouvirão, se não há quem pregue? É o que diz em Romanos 10:14.

'Claramente esses crentes não conhecem, não acreditam ou não passaram pelo abalo sísmico que as Escrituras promovem, pois certamente haveria uma necessidade e uma certeza de que, se falarem da Bíblia às pessoas que lhes ouvem, certamente essas pessoas poderão ter uma mudança radical em suas vidas, tendo em vista que a Palavra nunca volta vazia, fazendo com excelência o propósito para o qual foi designada, conforme Isaías 55:11.

— Então, quando não compartilhamos é por não acreditarmos na eficácia da Bíblia? — pergunta pastor Tevaldo.

— Não sei se esse exemplo cabe, mas outro dia, na igreja, um homem que tem problemas com drogas, sendo usuário de crack, reconciliou-se mais uma vez e ouviu de um irmão da congregação: "Outra vez?! Tenho certeza que já, já ele vai cair de novo!". O que você tem a nos falar a esse respeito? — esta é a primeira participação do pastor Ederson Serra.

— O irmão que faz esse tipo de comentário pode não conhecer a Bíblia — que é o poder de Deus — ou, caso conheça a Palavra, tenho certeza de que nunca experimentou esse poder transformador do Evangelho. Ora, se nada vivenciou, em nada pode crer.

'Isso se dá pelo fato de a Bíblia perpassar a teoria e se tornar uma prática na vida. É como se um texto fosse lido, mas apenas quando a pessoa se vê sendo ator/atriz numa cena em que o script seja roteirizado por Ela, realmente pode falar com poder e autoridade sobre essa palavra sem remendo.

'Em outras palavras, quando eu vivo a Bíblia sei que Deus muda o caráter de pessoas sem pudor, altera o humor dos que viviam de cara feia, cura o câncer de quem já foi despachado pelos médicos, tira homens da lama dos vícios e os faz resgatadores dos que ainda estão na lama... — a plateia glorifica tão alto que ele não consegue continuar a falar.

— Posso dar meu testemunho, senhor? — solicita pastor Valter.

— É claro, pastor. Inclusive, quero dizer que quem desejar trazer uma palavra tenha liberdade, por favor.

— Eu queria dizer que cheguei a perder toda a minha família por ser viciado nas drogas... — ele chora e não consegue continuar falando. Apenas as mulheres conseguem fazer os dois ao mesmo tempo. — Hoje, para a glória de Deus, trabalho com centro de recuperação, tratando e recuperando usuários de drogas... E sempre que um me diz que não consegue, eu lhe respondo que fui expulso de seis centros de recuperação, e quando quase todos desistiram de mim, o Senhor Jesus estendeu a Sua forte mão, ouviu meu clamor silencioso e quase sem esperança e me tornou um homem livre — o pastor abraça Thiago e os demais glorificam ao nome do Altíssimo. Antes de retornar ao seu assento, diz:

— Meus amados, eu era uma peça tão ruim que o bairro onde eu morava fez um abaixo-assinado para que eu saísse de lá... — os pastores riem bastante.

— Bem... — Thiago dá uma engasgada. — Vamos continuar.

— Uma pergunta antes de recomeçarmos, por favor — reclama pastor Levi.

— Pois não, querido pastor.

— É que estamos — digo isso pelas conversas nos bastidores — impactados com alguém com tanta sabedoria, mas com tanta adoração e tanto temor ao Senhor. Como isso é possível?

— Pastor Levi, eu me converti ao ler o Novo Testamento, quando fiz uma oração muito eloquente: "Senhor Jesus, disseram-me que é muito difícil entender a Bíblia... O Senhor me ajuda?!" — ele aponta o dedo polegar para o Céu e o auditório todo sorri.

'Sempre fui uma pessoa muito questionadora e, apenas e tão somente na Bíblia encontrei todas as respostas às minhas perguntas.

'Alguns sempre dizem: "Cuidado, pois o conhecimento pode matar". Eu respondo: "Meu irmão, a possibilidade de a gente morrer é exatamente o contrário, ou seja, pelo desconhecimento". É o que a Bíblia alerta em Oséias 4:6.

— Você pode falar "em outras palavras?" — fala pastor Levi em tom de brincadeira.

— A Bíblia fala na segunda carta de Pedro, <u>capítulo 3,</u> no versículo 18, que devemos crescer na graça e no conhecimento. Porém, parece que muitos foram ensinados a crescer ou na graça ou no conhecimento... A graça faz a pessoa querer ter mais conhecimento de Deus. Vejam só: uma criança, quando nasce, procura — mesmo antes de abrir os olhos — os peitos da mãe, pelo fato de as primeiras necessidades de um ser vivo serem comida e bebida. Da mesma forma, é impossível que uma pessoa que nasceu da água e do Espírito não tenha fome e sede da Palavra...

— Com sua licença, e usando da sua fala anterior, gostaria de ler uma passagem. — Thiago diz sim ao pastor Bruno com o meneio da cabeça e um sorriso no rosto.

'Na versão Almeida Revista e Atualizada está assim a primeira carta de Pedro 1:2: "Desejai afetuosamente, como meninos novamente nascidos, o leite racional, não falsificado, para que por ele vades crescendo" — os pastores começam um burburinho e começam a ver como está tanto nas suas como nas outras Bíblias dos colegas.

— Na versão NVI diz: "o leite espiritual puro" — pastor John se levanta e lê.

— Na Bíblia em francês, com as palavras de hoje, diz: "leite puro da Palavra" — lê o pastor Claudinei.

— Em inglês está igual ao francês — coopera pastor Breno.

— Os pastores já responderam ao pastor Levi, mas eu gostaria apenas de fazer um esclarecimento. O conhecimento que nos faz crescer é o bíblico, pois ele é o único leite espiritual genuíno. A igreja de Jesus Cristo é, antes de tudo, espiritual; não se baseia no conhecimento humano, mas na revelação e no poder de Deus — Thiago exalta a Bíblia.

'Nisso, o mundo científico peca por desconhecimento, achando que os cristãos são reflexo da ignorância, o que acontece pelo fato de muitos dos ensinamentos da Igreja Católica Apostólica Romana terem sido ou aparentemente sido, pela ciência, desmentidos. Esses erros são atribuídos à Bíblia, mas todos sabem que a ICAR se utiliza muito, mas muito mais da tradição do que da Bíblia, e todos os seus possíveis erros proclamados foram baseados na tradição, pois a Bíblia contém zero erros.

'As crenças da ICAR se baseiam nos ensinos de Aristóteles, o qual defendia, entre outras coisas, a ideia de a Terra ser o ator principal do Universo. Ele via como se o Universo fosse o interior de uma cebola, a Terra como centro e a primeira órbita sendo a Lua, vindo depois os planetas Mercúrio, Vênus, Marte, depois Júpiter, Saturno e, finalmente, a órbita das estrelas.

'E Tomás de Aquino, chamado de "professor", foi quem organizou a doutrina católica, defendendo o geocentrismo, que defende a ideia da Terra como centro do Universo, o que foi confrontado por Nicolau Copérnico, ao levantar a tese de que o Sol é o centro do Universo, tirando o protagonismo da Terra e transferindo-o ao astro-rei, contrariando a ideia de

Aquino/Aristóteles, acabando por colocar o cristianismo em xeque em vez de pôr o catolicismo romano. E isso por desconhecerem que o catolicismo não representa a Bíblia. Essas "provas" foram aceitas como verdade, mas nunca se sabe... Se fossem Leis, seriam apresentadas provas, mas teoria é teoria... Pode ser e pode não ser. Pode alguém explicar os cálculos que foram feitos? Negá-los? Afirmá-los?

'Um bom exemplo é o terço usado, o qual orienta que se faça a reza de dez Ave-Marias e um Pai-Nosso... Isso até me lembra que a maior goleada do Campeonato Brasileiro, até hoje, foi Corinthians 10 x 1 Tiradentes (PI), em 1983. Não se trata de dizer que os evangélicos ou católicos estão certos ou errados, mas de definir o que cada um defende.

'Cada pessoa tem liberdade de crer naquilo que domina. Falo como estudante de comunicação que o catolicismo não é baseado exclusivamente na Bíblia. Inclusive, muitas outras igrejas que se denominam evangélicas, infelizmente, se dizem cristãs, mas usam a Bíblia sem contexto, desprezando o antitexto e o pós-texto, desrespeitando a inteligência de Deus, ignorando que o centro de toda Bíblia é Jesus Cristo, desde o Gênesis.

'O que dissiparia a mente obscura desses pregadores seria o entendimento de que Jesus Cristo é o Logos, e o Logos é a Bíblia... Até alguns pastores usam um *poucochinho* da Bíblia em suas palestras, quando a verdadeira pregação tem sempre como base a Palavra de Deus.

'A História e a ciência pensam que o credo católico representa todos os cristãos, o que configura erro grosseiro a respeito da teologia.

'Tudo o que foi desmentido pela ciência foi criado com base em elementos extra ou antibíblicos.

'Esse desconhecimento da verdade faz com que imputem como ignorância dos cristãos os erros expostos pela ciência. É como se a ciência tivesse derrotado a fé e a Bíblia — o que na verdade são os dogmas católicos —, chamando esse período de controle da igreja de Era das Trevas — quando a igreja dominava quase tudo —, inaugurando o Iluminismo, que seria o nascer da luz em uma época obscurecida pela religião.

'Ora, a religião é um carro fumaçando, derramando óleo e com o platinado colado, sendo incapaz de transportar o homem a Deus, cabendo esse papel exclusivamente a Jesus Cristo (Logos), conforme João 14:6.

'Achando que o cristianismo católico — no qual a Bíblia é um ingrediente a mais – representa a fé de todos os cristãos. E muito desse erro se deve ao silêncio dos que creem apenas e unicamente na Bíblia como sendo a Palavra de Deus; única regra de fé e prática. Eu os convido a mostrar essa verdade à Igreja e ao mundo acadêmico.

'Toda ciência séria — que é aquela que busca os fatos — acaba por ver a veracidade da Bíblia. Em tudo que busquei, até o momento, a Bíblia sempre tem a resposta. Logo, a minha fé é baseada no sobrenatural e no natural.

'Um exemplo bem forte: geralmente se reconhece a Grécia como um dos berços da civilização mundial, mas a Bíblia fala que Deus chamou Abraão de Ur da Caldeia. Alguns historiadores escavaram onde possivelmente estaria a cidade de Ur. A princípio não foi encontrada, mas depois pensaram: "será que a areia não foi cobrindo a cidade com o tempo?" Daí resolveram cavar mais um pouquinho e encontraram os vestígios dela. O detalhe é que a cidade é mil anos mais antiga que a Grécia, mas com traços de uma civilização muito mais avançada... — a plateia fica de queixo caído.

'Toda ciência tem um objeto de estudo. Portanto, apenas a Bíblia deve ser usada para os cristãos e para a ciência analisar a existência de erros ou não do Criador. Pois Ela e tão somente Ela se apresenta como A Palavra de Deus.

— Parabéns pelas respostas — fala pastor Levi.

— Nada do que eu falar aqui será novidade para esse corpo de pastores, pois tudo terá confirmação do Espírito Santo, ou então não passará pelo crivo da verdade — todos se admiram com a ousadia do rapaz.

'Quero fazer um alerta a todos vocês: a Bíblia não cabe na Pós-Modernidade!!!

— O que isso quer dizer, meu rapaz? — pergunta pastor Valter.

— Pastores, houve um homem chamado Friedrich Hegel — além de outros —, que no século XIX plantou a ideia do relativismo — a ideia de que não existe uma verdade absoluta —, ideia que foi adubada e acariciada no século XX, e, finalmente, no século XXI, está acontecendo o que chamo de "a colheita de Hegel".

— Do que você quer nos alertar?

— O mundo pós-moderno não aceita uma verdade como absoluta, mas Jesus Cristo se intitula — e as nossas mentes e corações também creem — de "A verdade". Ou seja, em breve não será mais permitida a pregação sobre Jesus Cristo. Então, a perseguição à Igreja do Senhor Jesus será deflagrada; assim como foi no nazismo, todos que entregarem um crente para a prisão e morte se sentirão fazendo um bem para a humanidade. O mundo terá apenas uma religião (Casa Comum), vivendo a falsa paz, tendo em vista que a paz não pode ser real quando lhe falta o Príncipe. Não esquecendo que o maior sinal da vinda de Jesus Cristo é quando todo esse mundo começar a falar em paz, pois é uma falsa paz, alerta esse escrito em I Tessalonicenses 5:3.

'O fim da Era de Peixes – que representa o cristianismo – é pregado por muitas vozes, anunciando a Era de Aquário, na qual Jesus Cristo será visto apenas como mais um... Como já o é, inclusive para alguns que se dizem crentes.

'A paz é um gomo do fruto do Espírito. Ou seja, pra ter o Espírito Santo, o homem tem que entregar a sua vida a Jesus Cristo, aí Ele rogará ao Pai o outro Consolador... Logo, o mundo nunca saberá o que é paz sem se dobrar diante da soberania do Rei Jesus Cristo e ser cheio do Espírito Santo. O máximo que experimentará será uma calma passageira.

— Isso é muito sério! — pastor Valter fala boquiaberto.

— O mundo em que quase tudo é taxado de "fobia" irá mostrar, em breve, a única fobia real e velada, que é a JesusCristofobia.

— A Grande Perseguição?! — conclui o pastor.

— Exatamente. Mas entendamos o processo: o homem pós-moderno solicita a releitura de tudo — que é a não aceitação de um padrão de nada —, o que traz um sentimento de "rebeldia", que massageia o ego do homem, o qual se julga estar evoluindo...

'Esse homem que trocou a razão (rainha da Modernidade) pela emoção (rainha da Pós-Modernidade) aceitou a ideia de Hegel como se fosse o encontro da felicidade, vomitando com nojo e não aceitando nenhum alicerce na construção filosófica, com exceção da fluidez e frouxidão, a negação à cultura judaico-cristã ou patriarcal.

'O grande entrave é a solicitação de toda uma liberdade, em todos os sentidos, mas essa atitude colocará à beira do abismo a segurança, pois coisa cirúrgica é a feitura de um sanduíche onde convivam a liberdade e a segurança, visto que uma geralmente impede a existência da outra e sua coexistência consigo.

— Essa visão da contemporaneidade teria a ver com a teoria da relatividade, do Einstein? — pergunta pastor Levi.

— Recebeu séria influência, mas essa teoria foi adornada com floreios filosóficos, dizendo que tudo é relativo.

— Se tudo é relativo, nada é verdadeiro... Eles usaram uma teoria da física para criar uma lei filosófica? — pastor Levi entendeu bem o problema.

— A interdisciplinaridade e transdisciplinaridade são intensamente usadas nos dias atuais — que é a fusão de disciplinas ou áreas distintas. Até aí tudo bem, mas a teoria defende que entre o tempo e o espaço há uma relatividade, no que ela está correta, mas os que usam esse sistema esquecem — ou o fazem deliberadamente — que essa relatividade tempo/espaço somente existe por haver a absoluta e constante velocidade da luz. Resumindo: só há mentiras por existir a verdade. Além disso, toda mentira bem trabalhada tem que nascer necessariamente de uma verdade.

— Peraí, deixe-me entender. Pra que haja essa relatividade entre tempo/espaço é necessária a existência de algo absoluto? — continua pastor Levi.

— Até pra se fazer a definição de uma coisa como relativa tem-se, por obrigação, que ter como base uma coisa que seja absoluta. O referencial é o que dá base para a definição das coisas.

— Como todo esse cenário afeta a gente na prática? – é a primeira participação do pastor Rubens.

— O relativismo é usado pra tudo, e o absoluto é desprezado em tudo: tempo/espaço, padrões familiares, a sexualidade da humanidade, as concepções de vida, as ideias das pessoas, as autoridades, as artes, a religiosidade etc. Tudo passa a ser aquilo que se sente, pelo fato de que cada um pode escolher a sua verdade...

— Isso parece meio sem lógica — pastor Rubens está assombrado.

— Como tudo se tornou relativo para os adeptos dessa nova forma de ver a vida, os homens estão muito decepcionados com a razão e se jogaram nos braços da emoção.

— Como podemos combater tudo isso?

— Vamos suspender por hoje, mas amanhã todos trarão estratégias para essa guerra, pois, afinal, nossa luta não é contra carne nem sangue, mas contra as potestades e principados deste mundo tenebroso. Está escrito no Manual da Felicidade, em Efésios 6:12.

Todos se levantam e fazem uma oração de batalha.

Nos corredores começam as conversas pós-reunião

— Como esse jovem sabe de tudo isso? — pergunta um pastor.

— Na vida, como na ciência, só se acha o que se procura — comenta pastor Ramiro.

Pastor Rubens se aproxima de Thiago e diz:

— Hoje eu pago os hambúrgueres — nisso, chegam seus três amigos.

— O senhor tem dinheiro pra pagar pra quatro? — Délcio pergunta livremente.

— Claro que sim! Além do mais, cada um poderá comer até três.

— É hoje que eu só chego à minha casa amanhã... — diz Délcio. Frank bate no ombro do amigo e pergunta:

— Vai ter hambúrguer no teu velório? — e mais uma vez corre atrás de Délcio, mas resolvem voltar para não perderem essa "boca livre".

Thiago e Priscilla se olham desconfiada e envergonhadamente.

Capítulo 24

O começo de um romance?!

Após o lanche, Frank e Délcio continuam se provocando e cada um sai para a sua casa, deixando Thiago, Priscila e pastor Rubens à mesa.

— O dia foi longo e esse caminhão de informações precisa ser digerido, assim como os hambúrgueres. Até amanhã e fiquem com Deus — despede-se pastor Rubens.

Os dois ficam a sós e o clima fica meio tenso.

— Eu... — eles falam ao mesmo tempo.

— Fala você... — novamente falam em uníssono.

Ambos sorriem e fazem o jogo das mãos para resolver quem fala primeiro.

Thiago ganha, mas diz:

— Sou um cavalheiro. Por favor, fale primeiro.

— Podemos ir andando, pois é tarde e meus pais brigam caso eu chegue tarde... Além disso, não quero de jeito nenhum deixar de honrar as ordens dos meus pais.

— O primeiro mandamento com promessa, hein?

— Você realmente sabe tudo.

— Que nada! Tento saber um pouquinho de cada coisa... Vejo-me como um "especialista em generalidade". Porém, a minha maior certeza é que sei menos do que ainda não sei.

— Também gosto desse termo, mas parece um antagonismo coerente — diz ela

— Essa também é ótima! Antagonismo coerente... — os dois se calam por um período, andando em silêncio.

— Eu quero lhe parabenizar pelos discursos, expondo com clareza as suas ideias...

— Obrigado. Mas é bondade sua... — dá uma olhada para baixo e diz: — Não temos conversado muito, né? Parece que você tem fugido de mim depois que...

— Eu queria lhe pedir perdão por ter falado aquilo, foi no instinto...

— Puxa! Eu fiquei muito feliz... Achei que tivesse sido "ato falho".

— Priscilla, quem está aí com você? — grita uma voz forte de um homem.

— É o papai! Eu tenho de entrar.

— Quero conhecer teu pai.

— Conhecer meu pai? — fala com a voz trêmula. — Tem certeza?

— Claro que sim — fala já indo em direção ao portão.

— Quem é você, meu rapaz? — o pai fala com voz de general, mas Thiago sabe que não pode — nem quer — fugir dessa batalha.

— Boa noite — já vai estendendo a mão. — Eu sou Thiago, amigo da faculdade e da igreja da sua filha — ele aperta a mão do pai, que lhe olha meio desconfiado.

— Oi, pai. — Priscilla chega meio ofegante. — Este é o Thiago.

— Eu sei... Ele já se apresentou — o pai fixa bem os olhos na filha.

— Foi um prazer, senhor Weliton — aperta novamente a mão. — Eu já vou indo. Até a próxima... Tchau, Priscilla. Até amanhã — sai assim que fala, deixando Priscilla e o pai em silêncio e se olhando.

— Vamos entrar, pai... Tô muito cansada.

— Quem é o rapaz? Você nunca trouxe alguém aqui... Devo me preocupar?

— Não sei do que o senhor tá falando... Eu, hein? — entra, fugindo do diálogo e vai passando pela mãe...

— Tudo bem com você, minha filha? — pergunta a mãe.

— Tudo! Mas por que a senhora tá perguntando?

— É o que sempre faço...

— Perdão, mamãe... O dia foi longo e estou cansada.

— Você não vai jantar, filha? Mamãe fez o espaguete de que você tanto gosta.

— Obrigada, mãe, mas eu já lanchei com o pastor Rubens e a turma

— Filha, quantas vezes te falei que lanche não substitui jantar... Você vai dizer não à sua comida predileta?

— Tá bom, mamãe. Mas hoje só quero ir pro meu quarto tomar banho e dormir, tá? Bênção, mãe.

— O Senhor te abençoe e te guarde. — Priscilla beija a mão da mãe e lhe dá um abraço. — Por que seu coração está tão acelerado?

— Nada, mãe, é só impressão da senhora.

— Tem alguma coisa a ver com aquele rapaz?

— Não, mãe, apenas estou cansada. Boa noite — ela sai e vai em direção ao quarto.

— Amanhã a gente conversa... Eu te conheço, filha... Coração de mãe não se engana... — Priscilla sai rapidamente para o quarto.

— Quem é aquele rapaz? — seu Weliton pergunta ao entrar.

— Que rapaz, meu bem? — disfarça dona Afonsina.

— Thiago, um amigo de Priscila, que veio deixá-la aqui em casa.

— Thiago veio deixá-la? Por que você não convidou o rapaz para entrar?

— E por que eu o convidaria? — ele fala com olhar desconfiado.

— Por educação, meu amor, por educação... — ela o abraça e conclui o porquê do coração acelerado da sua filha.

Priscilla se joga na cama assim que chega ao quarto, começando um solilóquio.

— O que foi isso? Por que Thiago quis conhecer meu pai? Será que papai desconfiou de algo? Por que a mamãe falou daquele jeito todo desconfiado? — sua cabeça está a mil.

Repentinamente ela começa a sorrir, pensando na coragem de Thiago e em quais serão as suas intenções.

Logo que amanhece a sua mãe vai ao quarto dela.

— Filha, você dormiu do jeito que chegou? Não tomou banho... Não tirou nem as roupas que veio da rua... — ela retira o lençol de cima da filha, sacudindo-o. — Aqui deve estar cheio de bactérias.

— Perdão, mãe — ela dá uma bela espreguiçada. — É que eu acabei pegando no sono — fala, bocejando.

— Isso é que dá sonhar acordada... — a mãe fala com um sorrisinho.

— Do que a senhora tá falando?

— Você perde o sono, depois sonha acordada e acaba por dormir...

— Mãe, isso é algum enigma?

— Uma equação facinha de se resolver.

— Equação? Do que a senhora tá falando?

— Da equação do amor...

— A senhora tá mais misteriosa que Sherlock Holmes.

— Então, vamos continuar a nossa investigação — a mãe pega uma lupa na gaveta.

— O que a senhora tá fazendo? — Priscilla pergunta ao ver a mãe se aproximando com a lupa em direção ao seu rosto e descendo em direção ao coração.

— Descobri o mistério, meu caro Watson — olha para trás, como se falasse com alguém.

— A senhora está falando com quem? — ela olha em todas as direções do quarto.

— Pimba, meu caro Watson! — não responde à pergunta da filha. — A resposta do nosso mistério ou a equação do amor é formada por seis letras.

— Mamãe, por favor, ou estou sonhando ainda ou a senhora não tá falando coisa com coisa...

— Minha filha, eu sei o que está acontecendo com você.

— Acontecendo comigo?

— Isso parece um *"déjà vu"*... Ou coisa parecida.

— Por favor, mamãe, a senhora pode parar com esse teatro?!

— Priscilla... — ela se senta na cama. — O que você está sentindo é muito parecido com o que senti quando conheci teu pai, como já te falei numa das nossas conversas.

— Agora que entendi o que a senhora tá falando. Eu pensei que eu estivesse tendo um pesadelo.

— Como? — a mãe pergunta com cara de magoada.

— Eu quis dizer "sonhando", mãe.

— Ah, bom... Como eu ia dizendo, essa perda de sono e esse pegar no sono como se dormisse acordada e acordasse dormindo...

— A senhora vai começar a devanear de novo?

— Não, me desculpe. É que me emociona ver minha menininha se transformando em mulher...

— Como assim?

— O poder do amor... — levanta-se da cama e fica de costas pra filha. — Seu pai me disse que um "amigo" veio lhe deixar em casa ontem à noite aqui em casa...

— Então a senhora tá achando que eu e o Thiago estamos...

— Eu não disse nada...

— Disse sim — ela joga o travesseiro na mãe.

— Minha filha tá virando mocinha... — a mãe começa a fazer cócegas na filha.

— Para, mãe! — Priscilla se contorce, tentando fugir da mãe. — Desse jeito eu vou fazer xixi na cama.

— Peraí — a mãe para de fazer cócegas e se senta séria na cama.

— O que foi, mãe?

— Agora fiquei toda confusa.

— A senhora vai começar de novo com os enigmas.

— Eu que estava achando que minha filha tava passando do estado da adolescência para a maturidade, mas se agora ela vai fazer xixi na cama, isso indica que ela está é voltando a ser bebezinha... — ela fala como se estivesse pensando sozinha.

— Para, mãe — joga o outro travesseiro na mãe. — A senhora agora é que está parecendo uma adolescente.

— Falando sério, minha filha — a mãe respira fundo. — Você ama aquele rapaz?

— Não sei, mãe. Mas fico pensando em seu sorriso, nas suas palavras, no seu olhar, no seu cheiro... Aí, fica difícil para me concentrar nas coisas.

— Foi isso que aconteceu comigo quando conheci seu pai... — respira fundo.

— A senhora sente isso até hoje?

— Não! — a filha olha para ela meio desapontada. — Eu sinto meu coração ainda mais acelerado... O amor verdadeiro está sempre num crescente. Apenas a paixão tem um prazo sazonal de existência... Digo, a paixão que não tem amor, pois todo amor tem como oxigênio a paixão.

— Outro enigma. Explique-se, mamãe, por favor.

— A paixão sem amor passa, mas o verdadeiro amor nunca perde a paixão, o prazer de estar perto, de conversar, de abraçar, de sentir o cheiro...

— Chega, mamãe, já entendi — Priscilla fica coradinha.

— Desculpa, filha, acabei por me emocionar.

— Mas, peraí, a senhora falou que o mistério tinha como resultado da equação seis letras?

— Sim. O nome Thiago tem seis letras: t, h, i, a, g, o.

— Como a senhora sabe que o nome dele é com "h"?

— Tenho que lhe confessar — olha para o infinito, desviando os olhos dos da filha. — Eu vi o nome dele na sua agenda.

— Mãe...

— Foi sem querer, minha filha. Eu entrei no seu quarto e sua agenda estava aberta...

— Tá bom, mãe — Priscilla fala mansa e dengosamente. — O que a senhora acha que tá acontecendo comigo?

— A coisa mais linda do mundo, que é o amor. — Priscilla baixa a cabeça.

— O Thiago é um rapaz muito diferente dos outros que eu conheço.

— O amor é a melhor maquiagem que existe, pois até uma zebra macho que ama uma zebra fêmea, ou vice-versa, consegue distinguir seu(sua) amado(a) dentre todas as zebras.

— Não tinha pensado nisso...

— Como está narrado no livro *O pequeno Príncipe*: "Tu te tornas eternamente responsável por aquilo que cativas..." Quando ele diz que uma rosa a qual se ama se destaca mesmo estando no meio de outras cinco mil rosas.

— É verdade...

— Eu soube que ele se apresentou ao seu pai.

— Eu fiquei meio assustada, mas ele fez questão.

— É esse tipo de atitude que diferencia um homem de um moleque.

— Pelo jeito, a senhora gostou dele.

— Acho que até teu pai gostou.

— O papai?

— Minha filha, o teu pai só dará a tua mão em casamento ao homem em que ele confie que irá cuidar, amar e proteger você.

— O que vocês estão conversando? Estou esperando vocês pra tomarmos café — seu Weliton entra no quarto.

— Desculpe, meu bem, mas você sabe que quando as mulheres começam a conversar, fica difícil de parar.

— Mulheres? A Priscilla é só uma criança ainda... Vamos tomar café, que conversa não enche o bucho.

As duas se olham e sorriem disfarçadamente.

Capítulo 25

A reunião final da primeira etapa

No dia seguinte, Thiago acorda como que pisando nas nuvens. Revisa o material e está empolgado — além da aproximação com a Priscilla —, pois será a primeira aula envolvendo os jovens e os pastores. Estes ficarão observando para que aceitem ou rejeitem a sua proposta.

Ele chega ao local da reunião e vê que o estacionamento está lotado como nunca tinha visto antes.

— Então, meu querido, preparado para continuar com a arte da sua oratória, inteligência e temor e amor a Deus? — pastor Rubens o recebe com um sorrisão e um abraço.

— Tudo bom, meu pastor? — fala ainda meio assustado.

— Eu não sabia que hambúrguer era tão gostoso... — ele olha, desconfiadamente, ao redor. — Minha esposa estranhou porque eu comi tão pouco em casa. Se ela desconfiar que comi hambúrguer, ela me mata... Ela vive brigando com meus filhos por causa desses lanches. Eu também brigava, mas acho que vou me aliar a eles. Daí, quando ela for visitar os pais dela, nós vamos fazer a festa.

— Sua esposa briga pro senhor não comer hambúrguer?

— Sim... — a esposa se aproxima.

— Oi, querido. Alguns pastores estão lhe procurando.

— Meu amor, este é o Thiago, o rapaz que tá trazendo todo esse esclarecimento sobre o hambúrguer... — ele engasga.

— Prazer, meu rapaz. Tenho ouvido falar muito bem de você, e estou ansiosa para lhe ouvir.

— O prazer é todo meu, senhora.

— Mas você falou de hambúrguer? Já lhe falei que nossos filhos trocam a minha comida por esses lanches bobos e sem nutrientes? — respira fundo. — Ainda bem que você não faz como o pastor Ederson que se viciou nesse negócio. Sabe, querido, eu descobri que ele aproveita a ida da sua esposa, quando ela vai visitar a mãe dela, e compra material e faz hambúrgueres para ele, seus filhos e ainda chama uns pastores e seus filhos...

— Que absurdo! — diz o pastor Rubens.

— Amor, não se esqueça dos que estão te esperando. Ah, seria bom, depois da reunião, levar seus convidados para comerem uma coisa saudável — ele confirma com a cabeça. — Até logo, Thiago.

— A luta é árdua, meu jovem — pastor Rubens respira aliviado. — Você me dá licença, pois eu convidei uns setenta pastores para ouvir a sua palestra. Mostrei-lhes as suas palestras e ele gostaram muito.

— O senhor mostrou minhas palestras a setenta pastores? — ele se assusta.

— Sim. Todas as suas palestras estão registradas.

— Nem desconfiei...

— Vou lá... Depois vou tentar driblar a mulher pra gente marcar outra rodada de hambúrgueres. Ela marca parecido com o zagueiro Thuram, da seleção francesa de 1994, o qual parecia um leão de chácara.

— Boa sorte, pastor.

— Boa sorte pra você também, meu rapaz.

Os amigos inseparáveis chegam próximo dele.

— Tudo bem? — os três falam de uma vez só.

— Vocês ensaiaram?

— Foi a maneira que pensamos de te mostrar que estamos contigo — disse Frank.

— Até aqui com vocês; sempre com vocês. Nada disso seria possível se não fossem todos vocês.

— Vamos, Frank — bate no ombro do amigo. — Vocês nos dão licença, pois convidamos uma galera pra palestra de hoje.

— Tchau! — falam os dois, e já saem correndo.

— Eu quero te agradecer por ter me deixado em casa ontem — Priscilla fala toda dengosa, após os amigos saírem.

— Eu que agradeço por você ter me deixado levá-la...

— Você parece meio nervoso.

— É por causa da responsabilidade de hoje — ele disfarça que seu maior nervosismo é a presença dela.

— Eu quero lhe dizer que sinto muito orgulho em participar da tua história... Eu sei que você vai arrebentar mais que nunca hoje.

'Eu... — Priscilla é interrompida por uma pessoa que lhe chama.

— Priscilla, seus convidados chegaram — grita uma irmã.

— Você me perdoa, mas vou ter que recepcionar as turmas de algumas igrejas que eu convidei para a sua palestra — ela fala e sai ao encontro da amiga.

Ele fica sozinho, dá uma olhada em seus papéis e vai pelo lado de trás da igreja, que é o local do palestrante e dos pastores que são responsáveis pelo evento.

Chegando próximo da entrada, uns pastores se aproximam dele.

— Como vamos fazer, senhor Thiago? — pergunta um pastor superelegante, que está acompanhado do pastor Rubens e de outros.

— Eu peço aos senhores que chamem os pastores para que fiquem na galeria, observando o comportamento dos membros de suas igrejas, e, após o término da palestra, eu gostaria de uma rápida palavra apenas com os pastores.

— Vamos remanejar os pastores e líderes, aproveitando o momento do louvor.

— Perfeito.

Os pastores saem e fica apenas o pastor Rubens.

— Você está nervoso? — pergunta o pastor.

— Não tanto quanto o senhor quando a sua esposa se aproximou enquanto conversávamos sobre hambúrgueres...

— Além de ser superinteligente, ainda é dotado de um excelente senso de humor.

— Nervosismo é normal, mas o pavor é emburrecedor. Estou sentindo o nervosismo normal que antecede uma apresentação, mas alguém tem que pegar o volante... Se Deus me chamou, Ele me capacitará.

— Entendi. Eu também fico nervoso antes de começar a pregar, mas alguém tem de fazê-lo — para um pouco e fala. — Nervosismo é diferente de pavor... Gostei.

— Pastor, tá na hora — uma moça vem avisar.

— Vamos, meu jovem.

Os dois ouvem um louvor cheio da unção, que deixa o ambiente com uma atmosfera suave, onde se pode sentir a presença de Deus muito intensa.

— Estamos orando por você — fala uma irmã, que está acompanhada de várias outras, no que ele deduz que deve ser o círculo de oração. Isso o faz sentir-se muito mais seguro.

Ele fica adorando ao Senhor ao ponto de se esquecer por uns instantes de onde está e o que irá fazer. Ele adora ao Senhor com muito fervor e entendimento.

— Eu quero agradecer a presença de todos. Convido-os a ficar de pé para pedirmos ao Senhor que fale conosco nesta noite, mostrando os Seus mistérios guardados para o tempo oportuno — começa o pastor Rubens.

Todos se levantam.

— Senhor, nós te amamos e somos muito agradecidos pelo Senhor nos ter aceitado na Tua família. O senhor disse que poderíamos pedir sabedoria, pois é o que nós te pedimos. Turbine nossos cérebros para que sejamos cheios de sabedoria e de inteligência.

'Por último, peço que todas as mentes sejam cativas a ti e que sejamos, todos nós, como o quarto terreno de que fala a Tua palavra, e que nada caia no caminho, que os espinhos não sufoquem a semente que será plantada hoje e que a semente seja aprofundada em nossas mentes. Tudo isso te pedimos no Nome que é sobre todos os nomes, Jesus Cristo. Amém — todos concordam.

'Já que todos concordam, a minha oração está ligada na Terra e no Céu — pastor Rubens termina de orar.

'Agora, chamo o nosso palestrante, Thiago Oliveira.

Quando o rapaz entra, há um silêncio, pois os jovens apenas tinham ouvido falar nele, mas não o conheciam.

— A paz do Senhor a todos — o auditório responde.

'Eu estou muito feliz em estar aqui com vocês. Todos estão felizes por estar aqui? — poucos levantam as mãos.

Délcio pega o microfone das mãos de Thiago e começa a falar com o seu jeito desinibido.

— Uma vez escutei um pastor americano, chamado Dan Duke, contar a seguinte história: seu filho, andando com ele por sua fazenda, perguntou:

— Pai, essas vacas são crentes?

— Por que, meu filho? — interrogou seu pai.

— É que as caras amuadas dessas vacas parecem com as caras dos irmãos da igreja...

A plateia riu muito, o que tornou o ambiente e o palestrante mais leves.

— Vamos animar essa reunião, convidando vocês a glorificarem o nome de Jesus Cristo — enquanto Délcio fala ao microfone, chegam vários jovens.

A música "A alegria do Senhor", de Kléber Lucas, é cantada e os jovens fazem a coreografia.

Alguns pastores ficam meio escandalizados, mas pastor Rubens desce e tenta acompanhar os jovens, embora um pouco desajeitado. Aproveita e chama outros pastores, alguns descem e fazem a maior festa.

Depois de se divertirem muito, pastor Rubens lê o Salmo 100, que chama os servos do Senhor para que O louvem e O sirvam com alegria... Alguns pastores parecem se assustar com a citação bíblica como se nunca tivessem lido.

— Conheço a história de um casal que comemorava as bodas de ouro — cinquenta anos juntos — e, nesse dia, a mulher fez um pedido ao marido: "Nesses cinquenta anos eu comi a casca do pão e te dei o miolo... Você me deixa comer o miolo só hoje?" O marido olhou assustado para ela e respondeu: "Eu não estou acreditando... Você gosta é do miolo?" A mulher respondeu sim com a cabeça. "Pois, meu bem, eu passei esses cinquenta anos comendo o miolo, mas o que eu gosto mesmo é da casca."

'Moral da história: muita gente vive triste e sendo religioso, apenas pelo fato do desconhecimento das Escrituras, a qual nos chama pra sermos livres, conforme João 8:32. E certas vezes fazemos sacrifícios de tolos como o casal da história. O que devemos seguir é o Manual, que é A Palavra de Deus.

Os jovens e os pastores voltam aos seus lugares. As suas camisas estão quase completamente molhadas de suor.

— Bom... — Thiago ainda está meio ofegante. — Vamos continuar

'Eu gostaria de chamar dez pessoas para fazermos um esquete — voluntariam-se os que tinham treinado o esquete sob a supervisão de Thiago.

O cenário é feito rapidamente, retratando uma sala de aula de uma faculdade.

— A aula de hoje será sobre filosofia... Falaremos sobre Platão, que é um dos maiores filósofos de todos os tempos. Se por acaso houver algum crente aqui no nosso meio, verá que vive sendo manipulado por pastores que o enganaram até hoje — fala o professor.

— Onde já se viu, falar assim da nossa igreja? — fala um dos alunos.

— Tá é amarrado! — concorda o outro.

— Depois desta palestra, eu os convidarei a sair da caverna e conhecer o mundo real... — ele desliga as lâmpadas e acende um canhão de luz em direção a uma parede.

'Muita gente está na caverna, desconhecendo a realidade e sendo presa por causa da ignorância. Hoje, iremos falar sobre o Mito da Caverna, de Platão — o professor se dirige para próximo do canhão de luz e continua a aula.

'Umas pessoas viviam numa caverna e achavam que as imagens que viam — que não passavam de sombras — representassem a verdade, mas um sábio resolveu sair da caverna, indo para o mundo exterior. Ao chegar lá, verificou as cores brilhantes e variadas, o que desmentia o que era ensinado na caverna... — os participantes estavam atônitos e boquiabertos, ouvindo o orador.

— Não te falei que estão nos enganando na igreja? — levanta um dos que participam do esquete.

— Isso mesmo, *mermão*. Eu vou sair dessa caverna, pois o mundo deve ser bem mais "da hora" do que ficar indo e vindo da igreja.

— Mas vocês conhecem a Bíblia ou apenas aquilo que ouvem nos domingos que vocês, por acaso, vão à igreja? — pergunta uma das moças.

— Isso é o que pregam nas faculdades, sendo essa apenas uma peça de um "arrebenta-cabeça". E, pelo fato de a maioria conhecer a igreja, o pastor, os músicos e uns irmãos, mas poucos conhecerem a Bíblia, Deus Pai, Jesus Cristo e o Espírito Santo, ao chegarem a uma faculdade ou universidade se maravilham com tudo... — fala outro integrante.

— Porque gente ignorante, em face a quase nada, fica fascinada — completa outro.

— Como seria diferente se os irmãozinhos conhecessem a superioridade da Bíblia sobre todos os outros conhecimentos... Quem sabe até aproveitariam os ambientes acadêmicos para pregar o Evangelho.

— Como eu ia dizendo — volta o professor à sua fala. — O sábio descobriu que vivia numa ilusão. E volta correndo para ver se conseguiria alguns adeptos.

'Ao voltar para a caverna, começou a espalhar suas ideias, mas apenas um seguiu seu conselho de sair da caverna e ir conhecer o mundo real. Ele acabou sendo morto por insistir nas suas propostas com os demais, os quais optaram por ficar na ignorância que a caverna lhes proporcionava.

'Ou seja, senhores, o mundo em que muitos vivem é alienador, fazendo com que muitos sigam religiões em vez de seguirem o caminho fabuloso do conhecimento.

— Eu nunca senti prazer mesmo na igreja, eu vou já, já é pra balada... — um se levanta e sai.

— Espera... — grita o outro, mas sem receber atenção. — Eu sempre o convidava para os estudos bíblicos e para a escola bíblica, mas ele nunca quis saber.

— Pois é, irmão. Eu já vivi numa caverna, gastando meu dinheiro todo final de semana com drogas e álcool, mas, no dia em que conheci a Jesus Cristo, vi a vida colorida e abundante que apenas n'Ele se pode ter — fala um deles.

— Ei, professor, o senhor acha que está fora ou dentro da caverna?

— Como assim? — o professor fica atônito ante a pergunta da aluna.

— Eu quero saber como o senhor enxerga a vida? Quem são as pessoas que o senhor acha que estão na caverna? O que define sobre quem está dentro ou fora da caverna? — a garota fala com autoridade.

— Quem é você? — a voz do professor dá uma tremida.

— Lane, senhor. O senhor poderia responder às minhas perguntas?

— Você é de alguma igreja?

— Batista Nacional, senhor. Mas qual o propósito de sua pergunta?

— Sabia que era um desses crentes em quem foi feita uma lavagem cerebral... — fala, arrogantemente, o professor.

— O senhor tem razão, professor.

— Pelo menos a senhorita tem consciência das coisas.

— Falo em relação à lavagem cerebral.

— Então, você concorda comigo?!

— Eu passei por uma lavagem cerebral, pois tinha muita sujeira em minha mente, a qual foi posta por ensinamentos de pessoas que falam de coisas que sequer entendem, doutrinando pessoas a passarem pelo processo de dessensibilização, ao ponto de aceitarem mentiras repetidas incansavelmente pelo sistema.

— O que você está falando?

— Um bom exemplo é o senhor mesmo.

— Como assim?

— O senhor está atacando os crentes desde que começou a aula. Porém, eu lhe pergunto, meu caro professor: O senhor já leu a Bíblia alguma vez?

— Claro que não! Isso é coisa para alienados.

— Alienação, professor, é fazer parte de um processo sem conhecer o todo desse processo. Inclusive, foi esse um dos reclames do Charles Chaplin, no filme *Tempos Modernos*.

— O que você está querendo dizer?

— É que somente se pode tecer opinião a respeito de algo que se conheça. E o senhor, pra ser professor, deve, acredito eu, ser antes um estudante das coisas... Senão, acaba-se por falar do que não se sabe. Ou melhor, fala-se das coisas igualmente ao Mito da Caverna, que o senhor acaba de nos mostrar.

— Pessoas como você deveriam se envergonhar de falar da Bíblia num centro acadêmico.

— E o que me causaria vergonha? A vergonha vem do desconhecimento das coisas, e se alarga quando esse desconhecimento é brindado com um vinho do Porto.

— Você está querendo ser expulsa da turma?

— O senhor está se esquecendo de um pequeno detalhe, meu ilustríssimo professor.

— E qual seria?

— Que nós estamos numa sala de filosofia, onde, presume-se, as discussões estão em aberto. O senhor estaria fugindo de uma discussão pública ou minha percepção estaria errada?

— Como um professor de filosofia, como é o meu caso, correria de uma discussão?

— Essa é a minha pergunta...

— Resuma sua fala ou não terei tempo para continuar a minha aula.

— A sua aula está em pleno andamento. Aliás, o silêncio e a atenção dos alunos demonstram que a sua aula está bem além de suas expectativas.

— Vamos continuar — fala o professor após verificar o quadro da sala de aula.

— O senhor poderia, por gentileza, responder às minhas perguntas?

— Você pode repetir? Pois foram tantas que eu acabei por esquecer...

— Claro, professor. Eu quero saber como o senhor enxerga a vida? Quem são as pessoas que o senhor acha que estão na caverna? O que define quem está dentro ou fora da caverna? E, acrescentando, o senhor se acha dentro ou fora da caverna?

— Bombardeio de pergunta... Eu enxergo a vida pela ciência, fugindo da alienação da religião e do senso comum. Logo, respondo à primeira e à segunda perguntas — faz um ar de superioridade.

'A ciência é a única verdade que existe, fora dela se está dentro da caverna... E certamente que a minha mente é livre e jamais ficaria presa numa caverna...

— O senhor se equivoca em muitas falas, pois como pode sugerir que a maneira como o senhor enxerga a vida deva ser o padrão? Quem lhe instituiu como mente ideal? Quando não se aceita o outro sem lhe dar o direito à fala — como bem ensinou Voltaire: "Não concordo com uma das palavras que dizes, mas defenderei até a morte, caso seja preciso, teu direito de dizê-lo" —, parece que se está usando o que usualmente se chama hoje de "lacração" — contesta Lane.

'Creio que o senhor seja mais partidário de Narciso, o qual acha feio o que não é espelho, como canta Caetano Veloso em sua música "Sampa".

'E com todo o meu respeito ao senhor, meu caro professor — respeito esse que adquiri lendo a Bíblia, sobre a qual o senhor não tem respeito nem letramento, no capítulo treze da carta do apóstolo Paulo aos Romanos que nos ensina que toda autoridade vem de Deus, assim como o senhor o é nessa sala de aula —, eu creio que o senhor conhecerá a Verdade que liberta, e que conseguirá se libertar das grades dessa caverna que lhe prendem...

Toca o sinal. A turma já começa a fazer o barulho do levantar das cadeiras, e o professor diz que continuarão aquela discussão na próxima aula.

Thiago pede uma salva de palmas aos atores.

Ele discorre sobre a necessidade do letramento em todas as áreas, tendo em vista que a letra que mata é a Lei que dizia à pessoa "Você tem câncer e vai morrer", enquanto a graça diz "Você tem câncer, mas Jesus Cristo vai te curar".

O auditório sente fortemente a presença do Dono da Igreja, e a desconfiança vai dando lugar ao quebrantamento e à confirmação de que o que o jovem traz vem de Deus.

Depois da reunião, os jovens vão lanchar enquanto conversam sobre tudo o que aprenderam nessa noite.

Capítulo 26

A reunião apenas com os pastores

Agora é a reunião apenas com os pastores.

— Diga-nos, jovem, por que você acha que Deus o incumbiu pra essa missão? — pergunta o pastor presidente de uma das igrejas.

— A Igreja do Senhor está unida; aquela que não é por denominação nem por convenção, mas por homens tementes ao Senhor. A Igreja de Jesus Cristo é tão invisível que não paga sequer IPTU.

'O tempo está chegando ao fim, não cabendo a ninguém a datação deste Dia — por isso que tantos teólogos se mostraram péssimos em matemática, marcando e remarcando a vinda de Jesus Cristo por diversas vezes —, mas os sinais são muito claros.

'Satanás — nosso inimigo, não de Deus, pois, para duelar com Deus, teria que ser Deus e ter um trono, mas ele tem um tronco e não passa de uma criatura já com a infeliz eternidade definida — está usando de estratégias que eu jamais pensei, até que me vi diante desses fatos tão evidentes.

— Se ele está com a sua eternidade definida, por que, então, ele não desiste e para de tentar tirar a fé das pessoas, colocar-lhes dúvidas sobre a Palavra de Deus e não parar um instante de lutar contra os servos do Senhor e tentar deixar os ímpios sem conhecerem a verdade que liberta? — indaga o pastor presidente.

— Pelo fato de ele não ter em mente a mudança da eternidade dele, pois já está decidida, o seu foco é mudar a eternidade dos servos de Deus e manter a dos que não conhecem nada a respeito da Salvação trazida pelo Filho de Deus.

— Uau! Que resposta! E quais seriam esses fatos? — questiona o pastor.

— E por que essas estratégias lhe surpreenderam? — pergunta um outro.

— Em Apocalipse 9:13-15 há a narrativa da soltura de quatro anjos, os quais estão presos para serem soltos, pois estão preparados para a hora, dia, mês e ano. Eu sempre tinha em mente muita violência para que essa matança se desse. Ora, se um cachorro que fica preso por umas horas se torna bravo, nervoso e perigoso, imagina esses quatro anjos que estão há tantos anos, sabe-se lá quantos...

'Esses anjos — se estão presos, deduzo que sejam anjos caídos ou demônios — viriam trabalhar com muita violência — era o que eu pensava —, mas eles vieram muito mais com inteligência, ganhando as pessoas no psicológico, fazendo os tolos se sentirem sábios. Afinal, bandido experiente nem corre, apenas desliza em suas sutilezas e astúcias.

— O que você está querendo dizer? — pastora Jacirema fica intrigada.

— É que Satanás trabalhará com muita inteligência e se utilizará exacerbadamente da cultura, do conhecimento, das artes, das ideologias, da mídia e de tudo aquilo que afaste o homem da Verdade.

— E como você acha que isso irá acontecer?

— Se participarmos de terapias em grupo por muito tempo, certamente que as nossas convicções poderão ser abaladas. Imagine alguém que passe tempo demasiadamente ouvindo conselhos dos ímpios, seja pela rádio, TV ou redes sociais, há uma grande chance de que suas crenças, morais, éticas e tudo que as envolve acabem por aceitar essa novas informações como verdades... É a perda gradativa da eficácia do estímulo original e a desativação do cérebro de suas redes emocionais.

'Será um trabalho de tirar a reflexão e o pensamento das pessoas, manipulando suas mentes e levando alguns até ao escarnecimento. A ideia será fazer com que o homem não pense mais como homem, mas apenas como armazenador de informações, as quais lhe parecerão conhecimento. É um conhecimento sofismático, pois, na verdade, o homem se enche de informações que não têm a menor relevância, achando-se um gênio por saber tais e tais coisas. Por exemplo, que a unha da pata esquerda de um urso polar está encravada, e que uma comissão internacional de manicures irá ao Polo Norte para desencravar essa unha... Tudo isso financiado pela ONU.

'Por esse motivo precisamos que o Evangelho seja pregado com a clareza que esse momento requer. A luta na mente será travada duramente.

— E qual seria a estratégia do diabo? — pergunta um jovem pastor.

— A mesma iniciada com Eva, no Jardim do Éden. Ou seja, trazer dúvida às verdades estabelecidas. Para isso, se utilizará de todo instrumento possível, sendo as artes, as culturas e as ideologias usadas brutalmente. Tudo aquilo que foi construído com o passar de toda a História será atacado, tentando metamorfosear os valores... O desejo é ver a morte da verdade. O ataque será centrado contra as culturas greco-romanas e judaico-cristãs.

— Por que não somente a força e a violência? — questiona pastor Rubens.

— Quando se domina o corpo de um opositor, corre-se o risco de que ele se livre e se volte contra seu dominador. Porém, quando o domínio é na mente, perde-se a necessidade de vigilância, pois o dominado já é seu aliado, e ainda lutará contra qualquer um que se levante contra você — que seria a mesma coisa que contra ele mesmo!

— Os inimigos do homem serão os de sua própria casa — interrompe o pastor Rubens.

— Exatamente, meu pastor. Os filhos entregarão os pais e vice-versa; os amigos amarão mais o sistema estabelecido que os seus amigos... Essa realidade é apresentada no livro *1984*, o qual inspirou o programa *Big Brother*, onde uma garotinha entrega — salvo engano – o tio às autoridades.

— Como isso será possível? — questiona o jovem pastor.

— A ideologia irá virar uma idolatria... Veja só, é impossível tirar do cérebro do homem, por meio de argumentações, mesmo plausíveis, aquilo que nasceu no coração.

'Além do mais, todas as religiões se unirão em prol de uma humanidade mais evoluída, onde todos serão irmãos... Todos tramitarão em todas as religiões, aceitando e praticando os rituais...

— Mas um crente adora apenas a Jesus Cristo — fala um pastor ancião. — Todos passaremos pela situação de Sadraque, Mesaque e Abedenego?

— Eles não ficarão satisfeitos em apenas serem respeitados, mas adorados... Daí, meu nobre pastor, se verá a única fobia real que este mundo (cujo príncipe é Satanás) tem, que é a JESUSCRISTOFOBIA, pois todo aquele que não comungar desse "Novo Normal" será visto como inimigo da paz mundial.

'As ideologias irão tomando formato de Ciência, de lei, de evolução, de obrigação... Poucos terão coragem de se levantar contra e de se manterem firmes no Caminho.

— Qual sua base bíblica, além de Apocalipse nove? — pergunta o jovem pastor. — Afinal, precisa-se de mais de uma passagem para que seja estabelecida uma afirmação.

— Perfeito, meu pastor, a Bíblia explica a própria Bíblia, que é a maior regra hermenêutica da Palavra de Deus.

'Em Lucas 17:26-28 diz que os últimos dias serão como os dias de Noé e de Ló.

'A referência a Noé pode ser exemplificada naquela música do Netinho (Beijo na boca), que diz 'Todo dia é festa em Salvador'... As festas acontecerão todos os dias, pois o homem desviará os seus olhos da Eternidade, da Ressurreição, mas vai querer que cada momento seja repleto de infinitude... Um momento que seja magicamente infinito, pelo menos enquanto dure.

'É a luta interna contra a Eternidade, a qual foi colocada na cabeça de cada homem, conforme o manual da vida, em Eclesiastes 3:11, mesmo que esse homem não compreenda... E também será como os dias de Ló...

— E o que seriam os dias de Ló? — pastor Jefferson interroga.

— Quando Abraão e Ló enriqueceram ao ponto de trazer divergência entre os seus pastores, houve a necessidade de que os dois se separassem. — Abraão deu o direito de escolha a Ló, que, vendo a beleza do lugar, escolheu o local onde, mais tarde, vieram a surgir Sodoma e Gomorra.

'O pecado dessas cidades se agravou tanto que o fedor subiu até o trono de Deus.

'Houve o episódio (Gênesis 19) do aviso a Ló, por meio de dois anjos, de que a cidade seria destruída com enxofre, e que ele deveria sair urgentemente. Porém, quando os moradores viram os anjos, desejaram ter relação sexual com os seres celestiais, mesmo Ló oferecendo-lhes as suas duas filhas. A narrativa bíblica diz que a população representava dos jovens aos mais sábios.

'Ou seja: uma decisão unânime. E o que resulta no decorrer da história, é que os heterossexuais estavam em extinção. E, até para dar continuidade à descendência de Ló — como sua esposa tinha se transformado em uma estátua de sal, por olhar para trás, desprezando o alerta dos anjos —, suas próprias filhas o embebedaram, fazendo com que ele dormisse, aproveitando para terem relações sexuais com seu pai, a mais velha em uma noite e a mais nova na outra.

'Logo, os dias de Ló indicam a institucionalização da homossexualidade, ao ponto de quem se dá por satisfeito sendo "apenas" hétero ser zombado e marginalizado. Não se trata de se questionar o respeito que todos devem ter à opção sexual de qualquer pessoa, pois é um direito que assiste a todos. Porém, assim como Nabucodonosor desejou muito mais que ser respeitado como rei — desejou ser adorado —, a homossexualidade não se contentará com o respeito da sociedade contemporânea, mas o desejo será que lhes prestem adoração... No livro/filme *Admirável mundo novo,* um homem é zombado por falar de família e não querer participar dos cultos de orgias... Mudança radical do que é natural.

— Mas a pessoa não pode ser taxada de homofóbica? — um pastor se mostra preocupado.

— De jeito nenhum, meu pastor! Nós não temos o direito de intervir no gosto pessoal de ninguém. Inclusive, se uma pessoa se sente orgulhosa em ser o que é, o Evangelho nem lhe deve ser pregado...

— Como assim?

— O Evangelho é para pessoas cansadas e sobrecarregadas, e para quem entende que tudo começa com arrependimento (metanoia: mudança de mente), que foi o início dos discursos de João Batista, Pedro e também o do próprio Jesus Cristo.

— Nesse raciocínio, pregar o Evangelho a quem se sente orgulhoso do que é seria pecado contra Deus e um insulto às pessoas...

— Isso! O Evangelho é para quem se sente um mendigo de espírito... Inclusive, Flávio Josefo, no livro *A História dos Hebreus,* página 832 (salvo engano), diz que Jesus de Nazaré "amava ensinar às pessoas que estivessem dispostas a serem ensinadas". Ele chama os que têm sede, mas não força ninguém a beber água; chama os que têm fome para lhes dar pão, mas não empurra alimento goela abaixo. Isaias 55:1 chama os necessitados. Logo, quem não vier buscar nunca receberá, pois a Bíblia se apresenta como um restaurante *self-service,* não um com um garçom nos servindo. Quem acha que sua vida é boa e tem orgulho de suas escolhas, deve ser respeitado até o dia que, porventura, venha ter essa sede e essa fome.

— Mendigo?

— Em Mateus 3:5, no grego original, Jesus Cristo começa Seu discurso, dizendo: "Bem-aventurados os mendigos de espírito, pois deles é o Reino dos Céus...'

— E qual o sentido do texto?

— O que um mendigo faz para sobreviver e não morrer de fome? E por que ele toma essa atitude? — pergunta Thiago

— Ele pede esmolas.

— E por quê?

— Por chegar à conclusão de que não tem condições de se manter, e de que, se alguém não lhe der esmolas, ele morrerá de fome.

— Esse é o ponto crucial: a pessoa tem que reconhecer sua miséria espiritual, que é um mendigo, e que precisa receber de Jesus Cristo do pão espiritual e beber, *de graça,* da água da Vida, pedindo com humildade (humilhação) para que não morra de fome e de sede... O Evangelho é para quem precisa. Não devemos importunar pessoas felizes, pois irão se arrepender de que mesmo?

'A igreja precisa aprender a respeitar as escolhas das pessoas. Agora, caso alguém venha pedir ajuda, aí, sim, estaremos de prontidão. Já em relação à oração, esse princípio não se aplica, pois devemos orar por todos para venham a conhecer a verdade que liberta...

— Sinto-me tão leve vendo o Evangelho por esse olhar... — fala um pastor com a voz doce e serena.

— O Evangelho é leve e forte, assemelhando-se a uma grande escada de alumínio, sendo o mecanismo libertador. Ensinarmos a igreja sobre como tratar as pessoas que agem e pensam de maneira diferente da nossa, com amor, terá um peso saudável para ambos os lados.

'Não precisamos concordar e nem nos amoldar a eles, mas respeiá-los, na esperança de que colhamos esse *feedback.*

'Na psicanálise, quando não há a aliança terapêutica entre o paciente e o analista, não há possibilidade de haver sequer sessões... A gente respeita quem pensa diferente, não falando de Jesus, o Cristo, para quem é rico" espiritualmente, mas sendo impossível que alguém nos impeça de orar por essas pessoas.

— Entendi... Se agirmos assim, não cairemos no erro de tratar ricos como pobres... A pessoa deve sentir a necessidade lhe bater na porta do coração... Quanto aos "ricos", aceitamos sua condição de não necessidade de nascer de novo, mesmo sabendo que se trata de uma psicose espiritual.

— Fechou, meu pastor!

'Por hoje, a gente fica por aqui, evitando o cansaço dos senhores — nisso, ele ouve um som de desapontamento da plateia.

— E quando nos reuniremos outra vez? — pergunta um pastor.

— Gostaria de termos reuniões semanais, pois os senhores serão os multiplicadores dessas informações.

O pastor Rubens faz uma oração encerrando a reunião.

— Meu rapaz, como você consegue ter tantas informações? — pergunta pastor Rubens em particular.

— Meu pastor, esse chamado é muito pesado, pois recebi, durante toda a minha vida, apenas crítica e acusações... Eu fico feliz que vocês tenham me ouvido, deixando-me expor aquilo que tenho recebido, pois muitos pensam que estou querendo aparecer com os meus conhecimentos, quando, na verdade, estou querendo alertar aos meus irmãos sobre a ponte quebrada mais na frente; o pano vermelho não é para que me olhem com atenção, mas para os perigos desse mundo líquido...

— Você parece muito esgotado.

— Essa guerra é, antes de tudo, espiritual.

— É, meu jovem. Ainda temos que trabalhar muito para que as pessoas entendam que cada um tem seu chamado, e que um reino dividido não subsiste. Além disso, tem muitas pessoas na igreja que têm a síndrome de Caim, que não conseguem fazer a obra de Deus com excelência e, além disso, querem matar aqueles que a fazem.

— Não consigo fazer nada para Deus que não seja excelente, pois o que Ele fez foi excelentíssimo; o mínimo que posso Lhe oferecer é o meu máximo.

— Imagino a dor que você sentiu durante todo esse tempo em que foi desprezado e expulso do meio daqueles a quem você queria avisar por amor.

— Pastor Rubens, fui treinado a transformar a solidão em solitude, mas estou com muita vontade de desaprender esse processo, pois encontrei amigos.

— E qual a diferença entre solidão e solitude? — pastor Rubens fica curioso para aprender mais uma.

— A diferença básica é que uma é involuntária e dolorida, a solidão; a solitude é voluntária, sendo a procura de si mesmo, ordenando os pensamentos e fazendo descobertas que se tem apenas em grandes reflexões...

— O homem pós-moderno vive apressado para depois perder tempo em suas redes sociais, informando-se do que não lhe acrescenta nada ao conhecimento, e tendo fastio do real... Já eu, gosto de "divagar devagar".

— Essa foi boa. Já em relação à solidão e à solitude, esta deve ser buscada de vez em quando; aquela é uma revolta contra a verdadeira sabedoria, como diz Provérbios 18:1; esta, nos dá oportunidade de reflexão.

— Meu pastor, eu vou indo, pois preciso arrumar o material para a próxima reunião.

'Quero lhe agradecer muito por confiar em mim, mesmo sendo de poucas luas.

— Eu é que agradeço a Deus por sua vida. Dê-me um abraço.

Thiago sente já um grande carinho por esse pastor que tão bem o recebeu, defendeu e o encoraja.

— Meu filho, você não teme ficar desanimado com o que vem por aí?

— Vou lhe responder como Shakespeare escreveu no livro *Macbeth*: "Sim, como pardaizinhos desanimam as águias; ou como uma lebre desanima o leão".

'Meu pastor, eu vou cair é "matando" pois, as portas do inferno não prevalecem contra a igreja de Jesus Cristo, e eu não estou indo no meu nome, mas no Nome do Senhor dos Exércitos.

— Eita glória!!!

— Depois a gente marca aquele hambúrguer... Fique na paz.

— O Senhor te abençoe e te guarde.

Thiago sai da presença do pastor e, saindo da sua presença, grita:

— Dá-me, Senhor, intrepidez, força, organização e fé. O mundo em JESUSCRISTOFOBIA, mas eu Te tenho como meu fôlego de vida...

...continua